はじめに　――SNS時代は危険な時代

ここしばらく、SNSの不適切投稿がたくさん問題になっている。コンビニのバイトが店の商品に不埒な行為をして品位を貶めたり、裸で手放し運転をしてアップしたり、店の商品を汚して棚に戻す姿を投稿したり……。

この若者たちは、きちんとしたネチケット教育を受けてきたのだろうか。

未だにそういう考えの方が学校現場には多いのだが、

「子どもに持たせるべきではないのだから、携帯は全て禁止。学校で使い方を指導するなんて、よけいな刺激を与えるだけだ。」

ということで、禁止することだけしか考えてこなかった。

その結果、全くネチケットを学ばずしてスマホを手にした世代が、不適切投稿の主役になってはいないのか。

彼らに聞いてみたい、小中でネチケット教育を受けてきましたかと。

いまや、幼児ですらスマホをいじっている時代だ。禁止するだけというのは、指導放棄ではないだろうか。
秋田の「なまはげ」は子どもたちにとって恐怖らしいが、教育的な効果は抜群らしい。
それは怖いからだ。幼い頃に
「世の中には、怖いものがあるんだよ。」
と、心に刻み付けることは大切なことだ。怖さを知らない人間というのが、一番くだらないことをする。幼い心に
「悪いことしたら、怖いものがやってくる。」
と刻み付けることは、大切なことなのだ。

同じようにネットの怖さを子ども時代に実感させておくことは重要な学校教育の役割だと思う。

ともかくネチケット教育は早期がいい。徹底して、ラインなどのＳＮＳの危険性を教えるべきだ。

犯罪になり、逮捕や賠償までに至ってしまうほどの問題があること。

軽い気持ちで投稿したために、就職が取り消され、結婚もダメになることがあること。そうした事実を示してネットの怖さを伝えてから、正しい使い方を教えていくのだ。もちろん、いくら早期教育していっても、ごく一部の者たちは馬鹿なことをするだろう。それは、どんなに道徳教育をしても愚かな犯罪が減らないのと同じことで、ごく一部には学校教育だけではどうにもならないことがある。

でも、今、巷をにぎわす投稿者たちが一度もネチケット教育を受けてこなかったとしたら、学校にも責任はある。そうは思わないか。

ところで、子どもたちに教育する以前に教師自身はSNSなどの怖さをどれほど分かっているのだろうか。

はっきり言って、僕自身も中学生ほども分かっていないかも知れない。ツイッターやインスタグラムなど、いろいろなものを試して一生懸命に学ぼうとしているが、時代の速さはそのはるか上をいく。なかなか今どきの小中学生のレベルには追いついていけない。

それでも、多くの教師たちはこのSNS時代に対応できるための学びをしているのだろうかと、疑問に思うことがよくある。教師はどうも視野狭窄に陥りやすいところがあるものだ。

若い教師のＳＮＳ投稿には、コンプライアンスや「場」の意識の感じられないようなものが多々ある。

また、自分は知らなくてもいいと開き直っているベテラン、自分は関係ないと本当に思っている中堅たちもいる。

僕も含めて、今の子どもたちのＳＮＳ状況については、あまりにも知らないのだと認識した方がいい。それではこれからのＳＮＳ時代を乗り切ってはいけないのではないだろうか。

大阪府では中高生のスマホの学校持ち込みを条件付きで容認する方向になってきている。文科省もその成り行きに注目している。【つまり、ダメだとは言わないのである。】子どもたちが学校でスマホを手にしている時代は間近に迫って来ているのかも知れない。

本著は、ＳＮＳを使いこなしている教師だけではなくて、使いこなしているようでＳＮＳにふり回されている教師、もっと子どもとＳＮＳとのことを知りたい教師たちに、そして、ＳＮＳをほとんど使ったことがない教師たちにも、僕の目を通して見たＳＮＳの実態とそれについての考え方を示した。

けっして詳しいわけではないが、ついていこうと必死でやっているからこそ、分かることもあると思うのだ。

このようなSNS時代に我々教師は、どのように考えどのように指導していけば良いのかということを提言したい。知識としてはなかなか追いつけなくても、考え方だけはしっかりと持っておきたいではないか。

SNS時代に生き残りをかけて。

令和二年（二〇二〇年）一月

『パプリカ』（米津玄師）を聴きながら

多賀一郎

■ 分かっているとは思うけど ——ＳＮＳとは何か？

周知のように、ＳＮＳとはＳｏｃｉａｌ Ｎｅｔｗｏｒｋｉｎｇ Ｓｅｒｖｉｃｅ（ソーシャル・ネットワーキング・サービス）の略で、インターネット上で人々と交流できるサービスのことである。

フェイスブックやインスタグラム、ラインなどが代表的なサービスであるとされている。【「されている」というような書き方をするのは、サービスを提供している一部の会社のように、会社自身がＳＮＳではないと否定している場合もあるので、これがＳＮＳだと僕が定義するのもおかしいので。】

二〇一九年八月時点で、フェイスブックのユーザーが約二六〇〇万人、ツイッターが四五〇〇万人、ラインは八〇〇〇万人以上、インスタグラムが三三〇〇万人だそうだ。【Ｓｏｃｉａｌ Ｍｅｄｉａ Ｌａｂ 調べ】

目次

第二章　ＳＮＳと学校現場　

学校は社会の縮図でもある。
ＳＮＳに関連して社会で起こっていることは、
そのまま学校現場にも浸潤してきているのだ。

目　次

目　次

Taga Itiro

第一章
世の中で起こっていること

ネットの中で起こっていることは、分かりづらい。
開かれているようで閉鎖的な不思議な空間だからだ。

＊イラスト：著者のアイコンより

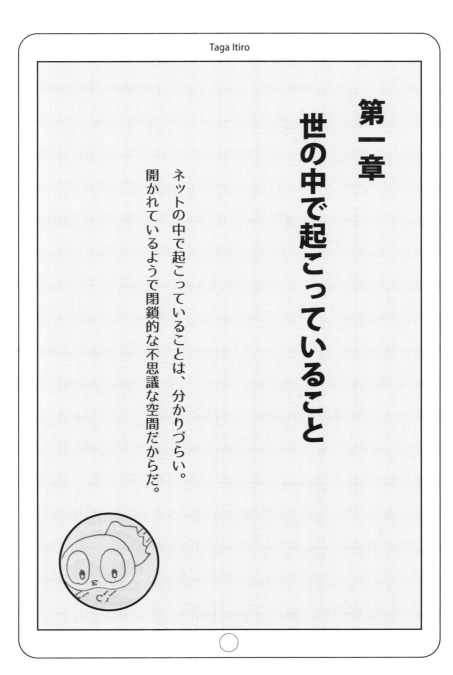

1　あおり運転の同乗者は別人

二〇一九年八月一〇日に茨城県守谷市の常磐自動車道で起きた「あおり運転殴打事件」で、傷害容疑で逮捕された男性の車に同乗していた女性がガラケーで写真を撮っていたことが、動画でアップされて拡散した。この動画はテレビでも何度も放映されていたから、多くの方々は見たことがあるだろう。

容疑者は逮捕されたけれども、名前が判明していなかった事件直後、この同乗していた「ガラケー女」だと根も葉もないデマを流されてしまった全く関係のない女性がいらっしゃった。あっという間に名前と顔写真が拡散されて、自分の電話番号までさらされて直接の抗議電話がかかってきたり、会社にも迷惑をかけたり、大変なことになってしまった、なんの関係もない方である。顔が似ているわけでもない。ただ、逮捕された容疑者がその女性をSNS上でフォローしていたというだけのことから、勝手に「ガラケー女」だと特定して拡散した人たちがいるのだ。

それが一気にＳＮＳで広まった。

自分たちが正義の味方だと思い込んでいる人たちがその女性のＳＮＳに誹謗中傷の書き込みをした。女性の人格否定までしていた。

匿名投稿のツイッターではよく起こる現象だが、

「こいつは悪者だからどんな目に遭わせてもかまわない。」

とばかりに、リツイートが繰り返された。

こういうとき、

「そこまでするのは、やりすぎだ。」

という声もあがるのだが、正義の味方の声が強くてかき消されてしまう。

女性と弁護士は、デマの投稿者、それをもとに拡散した人、そしてデマ情報をリツイートした人に対しても、法的措置をとり始めた。そして、提訴している。

ガラケー女は
この女だ!!!
あそこにいたのは
この人か・・・

実際、豊田市の議員さんがこの方に訴えられて、公で謝罪会見を開いて炎上し、辞職することとなった。

自分の社会的なリスクも考えてリツイートしなければならないということだ。

さらに、警察も立件しようとしている。

人の投稿にのっかって正義面してリツイート*したら、損害賠償を求められたり犯罪者になったりすることもあるということだ。心しておきたい。

何しろ、リツイートなんてボタン一つで簡単にできてしまう。

そのボタン一つで、場合によっては世界中に拡散してしまう怖れもあるというのに、そこまで考えずにリツイートしてしまう人たちがいる。犯罪の共犯者にもなりかねないのに。

そして、もう一つ。このときに「ガラケー女」とされた女性のように、全く関係のない人間がこのような理不尽な事件に巻き込まれることもあるということだ。

「SNSをしていなければ、関係ない。」とも言えないのだ。

自分に全く関係のないところで、自分の信用が貶められることがあるということだ。

それについては、第五章でもう少し述べようと思う。

＊リツイート
他のアカウントからのツイートや自分のツイートを再びツイートすること。これに自分のコメントを付け加えて公開投稿することができる。情報が一気に拡散するのは、ツイッターのリツイートが大きい。

2　バカッターはなぜ止まらない？

「バカッター」とは、くだらない投稿【時には犯罪ともいえる投稿】をして世間を騒がす連中のことである。コンビニを廃業に追い込んだり、自分自身も警察に捕まったりしている、いわゆる困った人たちだ。

一度投稿したら、拡散された上にデジタル・タトゥー（第三章　5　八八頁参照）になって、ずっとネット上に残るのに。

時間限定で、すぐに書き直せると思ってやっている者もいるようだ。その短い間に拡散してしまうのに、投稿してしまうのである。愚かな行為であることは間違いない。けれども、

「その人間が浅はかだからだ。」

と、一刀両断してしまって良いのだろうか。

教育にはすべての人間をまっとうな道へ進ませるような力はない。しかし、教育によってある程度の反社会的な行為は減らしていけると考えている。

若者は暴走しがちなものだ。本来、学生時代であればモラトリアムの時期である。少々の

バカげた行為は叱責されるものの、「若気の至り」だと許してもらえた。社会的な制裁を受けることまでは、まずなかった。

僕らも学生時代、教育学部でありながら、やんちゃして人に迷惑をかけるようなバカなことをしていたことがある。

呑んでバカ騒ぎをするのは、学生ならではの特権でもあった。

しかし、今の許容の少ない時代も関係あるが、バカッターの投稿は社会的に抹殺されてしまうほどのことになってしまう。したことが世の中に拡散されてしまうと同時に、いつまでも証拠が残ってしまい、繰り返し再生されてしまうからだろう。

おでんを口に入れて戻すといった行為が拡散されて四六時中見せられていたら、そのコンビニで食べ物を買おうとはしなくなる。それでお店を閉めなければならなくなる。

四〇年前なら、馬鹿な行為は店長や警察からめちゃくちゃ叱られて、

「二度とやるなよ！」

と言われて反省するところまでで済んだであろう。（傷害や窃盗などの犯罪は別として）

また、「裏アカ」というものがある。

ツイッターやインスタグラムで表には出ていないアカウントという意味である。「非公開で完全秘密」のものと、「多くには公開していないが、存在する」ものとがある。なんのためにそういうことをしているのかというと、例えば、内緒で管理職や気に入らない同僚の悪口を言いあうなどの悪口サイトを作ったり、あまり公には言いにくい趣味の同好の者たちで情報交換していて、一般には知られたくないというような活用もしている。

これは、僕のような素人がすると、簡単にばれてしまうものだ。

ある意味、プライベート投稿できるサイトであるが、拡散されないだろうと思って裏アカを使って投稿していたのに、いつの間にか拡散されていることがあるのだ。

問題になった投稿動画は、ほとんどがこのパターンだそうである。

バカッターはみんな軽い気持ちでやっている。その行為がお店にどのような影響を与えるかとか、世の中の人から見たら顰蹙を買う行為であるとかなどは考えてもいない。単なるバカ騒ぎなのだ。本来、若者はバカ騒ぎをするものであるが、ＳＮＳを通すと「若気の至り」ではすまなくなる。ＳＮＳの怖さを強く認識していないと、簡単にバカ騒ぎをアップしてしまい、人生を棒に振ることになるのだ。

友だち限定のワナもある。ＳＮＳ上の友だちって、本当の友だちなのか分からない。僕はわけの分からないことを言ってきた「友だち」をフェイスブックで三人ほど切った。おかしなコメントを重ねる人を「友だち」にしていたら、僕自身が同じような感覚の人間だととらえられかねないからだ。友だち限定なんて、机上の空論に近いと考えた方がいいだろう。

バカッターたちは、スクリーン・ショット*で撮れば友だち以外にも簡単に拡散できることを、まさか知らなかったのだろうか。

フェイスブックに学校の悪口を書きまくっていた先生が、学校から指導を受けた。子どものプライバシーも無視した投稿だったので、当然ではある。

わざわざ教育委員会に

「○○先生がこんな投稿してますよ。」

と、フェイスブックの投稿のコピーが送られてきたそうだ。

「友だち限定にしているのに、誰がこんなことしたの！」

と、怒っていたが、自分の浅はかさをこそ、反省すべきだ。

友だち限定で投稿したら、教育委員会や学校に知られることはないと高をくくっていたのだろうが、そうはいかなかったようだ。

どこかのSNSで人の悪口を書いたら、いろんな方法で個人を特定されて自分に返ってくるということである。

＊スクリーン・ショット（略してスクショ）
スマホの画面をそのまま写真に撮って保存しておける機能。友だち限定でも、スクショで撮れば、いかようにでも活用できる。

3　時間限定、友だち限定のワナ

ＳＮＳには、指定時間後に自動的に削除される設定のできるものがある。ＹｏｕＴｕｂｅやフェイスブックや他にも、全て時間設定ができるようになっている。例えば、レストランで何月何日の時間限定で特別ランチを出すという広告をうったりするときなどに有効に使われている。サービス期間が終われば、自動的に消去されてしまう。使い方によっては便利な機能である。

バカッターがバカな投稿を時間限定で投稿したとする。その投稿を見た人は簡単に保存してしまえる。保存できたら拡散するのはあっという間である。短い時間の投稿だから安全だということは、ないのである。

どんなに短い時間でも投稿してしまえば、どこかに残ってしまうことがあると、認識しておかねばならないのである。

友だち限定については、フェイスブックやツイッターの設定を使えば、簡単にできる。僕の友人たちも使っている人はたくさんいる。たとえ友だち限定にしてあっても、その画面をスクショ【スクリーン・ショット】で撮れば、そのまま保存できるのである。

本当の友だちなら、それを他の人に公開なんてしないだろう。でも、SNS上での友だちは、全てが信頼できる友人ではない。よほどのことがないとSNS上の友だちにしないというように決めている先生もいるが、多くは、何かで知ったとリクエストが来たから友だちになったとか、セミナーでたまたま知り合っただけだとか、さまざまな関係の「友だち」なのである。

直接出会って会話もしたことのない「友だち」

もいるし、共に何かを体験した仲間でもない「友だち」がたくさんいるはずだ。

自分の不都合なことはしないのが友だちではあるが、ＳＮＳ上の友だちはそれほど信頼関係を築けているわけではない。

そこをちゃんと認識していないと、痛い目に遭う。

「なんで友だちなのにそんなことするの？」

と思う方がおかしいのである。

本当の「友だち」とＳＮＳ上の「友だち」とは分けて考えなければならないということである。

4　ネチケット教育を受けてこなかった人たち

ネチケット教育とは、ネット上でのエチケット、つまりネットの使用におけるマナーやルールを学ぶ教育のことである。

これは、一〇年以上も前から存在する言葉であり、携帯の会社では、必ずと言っていいほどネチケットを学べるサイトが存在する。

僕が一五年前に生活指導部長だったときに、ネチケット教育をすると提案したら、何人もの先生に反対された。その理由が例の

「寝た子を起こさない方がいい。携帯を持っていない子どももいるのだから、刺激を与えるだけだ。」

という理論。

それでもごり押しに近い形でネチケット教育を実施できたのは、僕が子どもたちの実態をある程度つかんでいたからだ。

高学年の子どもたちと保護者の方を集めて、ネットの怖さを徹底して話した。保護者と子どもたちが同じ話を聞いて帰れば、家庭で必ずそれについての会話が出る。子どもと親が携帯について話し合うきっかけになるのだ。

また、「学校としてこう考えている」というものが示されたら、保護者は子どもたちに話すときに力が出るものだ。

「先生はこうおっしゃっていたよ。」

という言葉は、子どもたちに対してけっこう効果的なのである。

自画自賛になるが、かなり評判が良かった。

バカッターたちはみんな軽い気持ちでやって、お店にどんな影響を与えるかとか、社会的に大問題になるだろうとかを全く考えない。

若者とは、本来、バカ騒ぎをするものだ。僕も学生の時は、おまわりさんに注意されたこともあるし、顰蹙を買うようなこともやっていた。お店に迷惑をかけることは論外だが、そういうバカ騒ぎもＳＮＳを通してしまうと、**「若気の至り」**ではすまなくなる。

ＳＮＳの怖さを強く認識していないと、簡単にバカ騒ぎをアップしてしまい、人生を棒に振ることになる。

そのことをどう子どもたちの心に焼き付けるかが大切なのだ。

ただ単に

「気を付けないと、危険だよ。」

と言うだけでは子どもの心に響かない。

実際にどんなことをすればどういう結果になるかを、繰り返し具体例を示して、その怖さを実感させないといけない。デジタル・タトゥーのおかげ（?）で、そういう事例はいくらでもネット上で調べられるのだ。

バカな投稿をする人たちを全て学校がなくしていけるとは、思わない。

どんな教育をしても、何人かは違う方向へ向

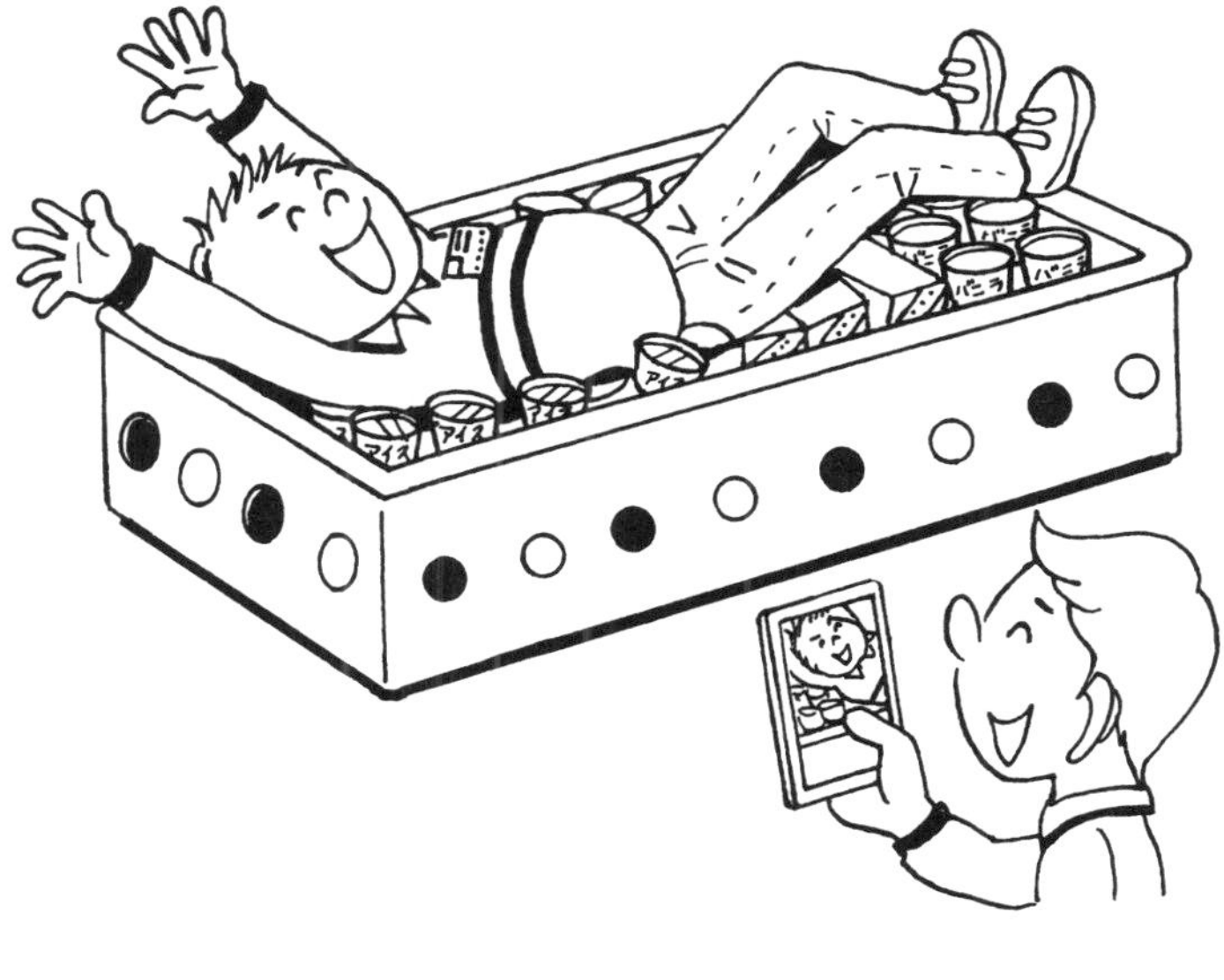

かってしまう。学校教育だけがその人の成長の全てを保証するものではないから。

それでも、学校としてできることは、まっとうに生きようとする子どもたちが、若気の至りで人生を棒に振るようなことのないように、ネチケット教育をちゃんとすることである。

・法律に触れること
・迷惑になること
・営業妨害にもなること
・拡散の恐怖

等々

大切なのは、具体例をどう子どもたちの心に落とし込んでいくかということ。

「僕らに関係ない」ことだと思わせないことだ。

ネチケット教育を受けてこなかったために、バカッターになってしまうようなことがないように……。

5　FOMO――取り残された感

「FOMO」という言葉を知っているか？

SNSなどで取り残される恐怖感のことである。

僕なんか完全にスマホ中毒である。さらに、スマホ肩というか、肩こりのないタイプだったのに、スマホのいじりすぎでいつも首根っこが張っているスマホ首なのだ。それだけスマホにはまっているということだ。

アマゾンのキンドルでマンガを購入して、いろいろなマンガを読んでいる。電車通勤の合間に推理小説をキンドルで読んだり、ツイッターやフェイスブックに投稿したりしている。

一日SNSを見なかったら、なんだか取り残されたような感じになって、落ち着かない。明らかに、僕はFOMOなのだろう。他者のポジティブ投稿に振り回されるときがあるのだ。

みなさんはそんなことにまでならないように。

でも、いろんなことがSNSでは起こっていて、無視できないものがあると知っていてほしいとは思う。

だいたい、多くのＳＮＳでは、若者の間でばあっと広がって、そこから年配者も利用するようになっていくものだ。年配者が増えれば増えるほど、若者が利用しなくなっていくと言われている。

「フェイスブックは年寄りばかり」

などと、若者たちが言う。

だからといって、若者たちを追いかけて肩を並べるために次々と新しいＳＮＳに飛びついていく必要はないだろう。

Taga Itiro

第二章　ＳＮＳと学校現場

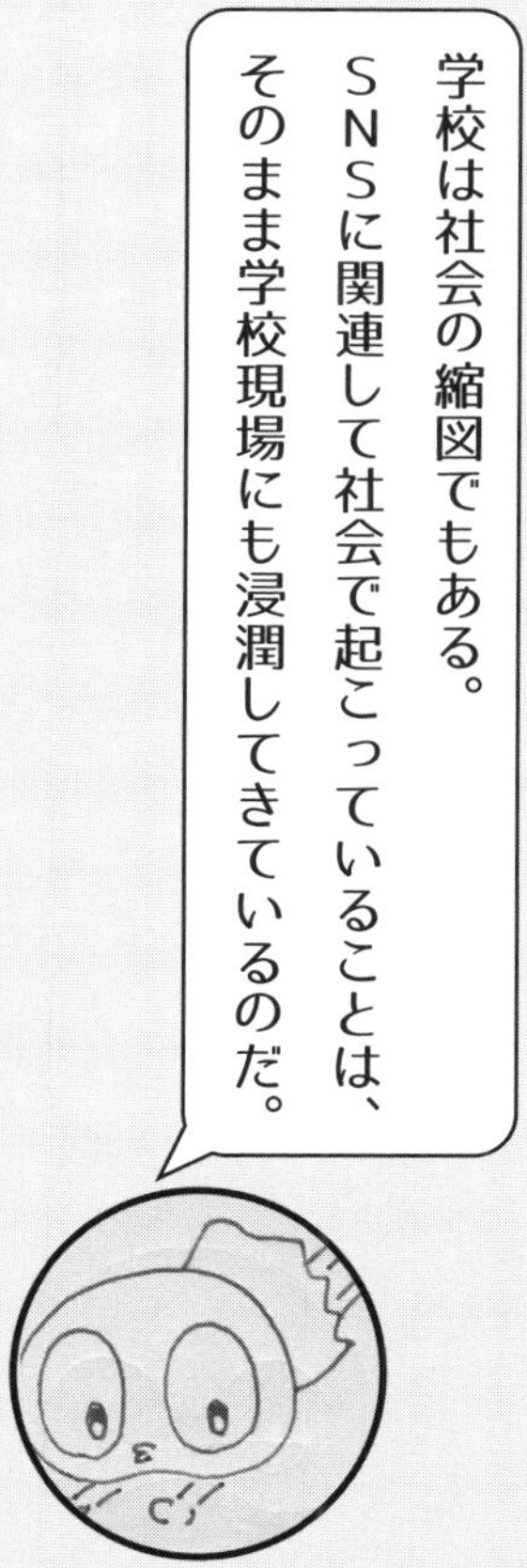

1　スマホネイティブな子どもたち

未成年が巻き込まれたＳＮＳを起因とした事件は、二〇一七年度で全体の一一パーセントだそうである。

・　児童ポルノ

・　性的暴行（出会い系サイトと同じようになっている）

などに巻き込まれることが起こっている。残念ながら、小学生も多数犠牲になっている。

教師はその実態を知らなくていいのだろうか。

子どもや家庭の自己責任だと言い切ってしまえるのだろうか？

一般社団法人　電気通信事業者協会がスマートフォンを所有する一三～一八歳の中高生五〇〇名を対象とした調査の結果がある。

「スマホを使って、ＳＮＳで知らない異性と知り合った経験としてあてはまるのは？」

ということをたずねた結果の統計である。

それによると、「ＳＮＳで知らない異性とコミュニケーションした経験がある」という子どもたちは、六〇パーセントに達している。

もっと怖いのは、ＳＮＳをきっかけとして知らない異性と実際に会ったことがあるという子どもたちが一四パーセントもいることだ。どんな危険な異性と接触しているか分からないのだ。

子どもたちを守るという発想で考えていかなければいけない。そのためにも、教師は少しでも実態を知っていかねばならないだろう。

今の子どもたちは、幼い時からスマホをいじっている。ファミレスなどに行ったときに、家族で会話することもなく、ひたすらスマホでゲームしている幼児を見たことはないだろうか。

友だちが家族で遊びにきたときに、四歳の子どもから

「おっちゃん、スマホ貸して？」

「何に使うの？」

「ゲームするんだ。」

という話になったことがある。スマホネイティブの子どもたちなのである。

スマホを扱う速さは想像を絶しているし、抵抗なんて全くないと言っていい。スマホを子どもに持たせるべきかどうかなどと言うことなんて、もう議論する意味もないと言ってよいのだ。

もちろん、スマホを子どもに持たせるのはダメに決まっている。でも、止められないよ、もはや。

そのことを忘れないようにしないといけない。「スマホを持たせるべきでない」論は、包丁は台所に並んでいるけど、使い方は教えないという状態に近いものがある。


以前、このようなことがあった。

わが子が、友だちからいじめを受けていると聞いた保護者が、懇意にしている保護者に連絡してやりとりをした。それに気づいたいじめ側の子どもが、自分の母親のスマホを見て親同士のやりとりを確認して、

「あんた、親にちくっただろう！」

と、被害児童に圧力をかけたのだ。

今どきの子どもたちは、母親がちょっとトイレに立ったすきにスマホを覗いて、友だちのお母さんとのラインでのやり取りを確認するなんてお茶の子さいさいである。子どもたちのスマホ技術は親や先生の考えもつかないほど高いレベルだということである。

スマートフォンで最近使い始めて定番化しているアプリとして学生から多く出たのがフェイスブック、インスタグラムなどがある。

次々と新しいＳＮＳが登場してきている。一つひとつを確認などしていられないが、たくさんのＳＮＳが氾濫していると考えよう。

先日二四歳になった卒業生たちと会食した。もちろん、スマホは簡単に使いこなしている。僕の知らない機能もいくつか教えてもらった。

しかし、この子たちにしても初めてスマホを持ったのが高校になったときだと言う。スマホは一五年以上前には、子どもたちの身近なものではまだなかったのだ。阪神大震災のとき、スマホがあったら、もっと早く所在確認ができただろうと思う。

この一五年ではあっと広がったということである。機能もどんどん増えてきて、新しいアプリもますます発展してきている。

今日、ＳＮＳを小学生でもたくさん利用しているという現状を踏まえて、この時代にあったメディア・リテラシーやネチケット教育を考えていかねばならない。

2　コンプライアンスを

「コンプライアンス」というのは、もちろん「法律を守る」ということであるが、それだけの意味ではなく、もっと広い意味も含まれている。

つまり、法律として明文化されてはいないが、社会的に守らなければならないルールのことも含まれた言葉である。社会に出た以上、その社会のコンプライアンスというものがある。法律のことだけを考えていてはいけない。

フェイスブックに参加したセミナーなどの講義内容を克明にアップする方がいらっしゃる。

「学び」と称してだ。

はっきり言おう。「学び」とは、公開するものではない。学ぶということは、内なる自分に向かうことだ。

食べ物で考えてみよう。食べ物を口に入れて、咀嚼する、その段階で吐き出したら、栄養は全く自分の身にはならない。咀嚼して呑み込み、胃で消化して腸で吸収する。そうやって血肉となっていくのだ。

同じように、何かを学んだら、それを自分の中でよくかみしめて、自分の考えを深めたり、実践したりして初めて「学び」となるのだ。

確かに、自分の感じたことをアップすることには一定の意味があるとは思う。アップしたい人は記録としてアップするのもありかも知れない。

それでもアップしたいなら、考えておくべきことがある。講師の話には著作権が生じるということである。

細かく記録したものをアップするのは、著作権侵害の怖れがある。少なくとも、

「この内容でアップしてもいいですか」

と、講師に確認するべきなのだ。

僕は、一度、僕の講座を克明に記録してアップした方に、削除を求めたことがある。

講師の写真などをアップするときも、講師本人の許可を得なければならない。

SNS上では、有名な人物の言葉や本の中の一節をふつうにアップして、それにコメント

を付ける人がいる。これも、本当は著作権に引っかかる恐れがある。

本来、著書にそういう言葉や一節を引用しようとするだけで使用料がかかる。SNSだと、そういうものを曖昧にしているように見える。SNSで人気の出たひとが、それをそのまま本として出版したとたんに、著作権が問題になる。

SNSに公開投稿するときには、自分の言葉で語るということが基本だと考える。

コンプライアンスということは、もっともっともっといろんなことに気を付けて考えるべきことだと思う。

3　肖像権は誰にある？

重ねて言うが、コンプライアンスは絶対に必要である。

当たり前のことだが、法律は守らないといけない。

僕はフェイスブック上で法律上危ない投稿をしている友人には、削除した方が良いとアドバイスしている。例えば運転中に運転席からの光景をアップした友人に
「信号で止まっていることが丸わかりなので、運転中にスマホを使っていると分かるから消した方がいい。」

と、止めさせたことがある。

ＳＮＳは手軽に投稿できてしまうので、簡単に法律を破ってしまいそうになるものである。

法律違反ではなくても、気を付けたいことがある。教え子が、わが子の成績の悪いテストをアップしていたので
「すぐに消しなさい。ずっと残るぞ。わが子を貶める投稿は、後々怖いぞ。」

と、注意したこともある。

また、知り合いの顔写真にも気を付けよう。

知り合いの肖像権は、写真を撮った人にではなく、写されたその人にあるということを忘れないようにしよう。

写真を撮る前にアップしてもいいかと確認してから撮るとか、

「この写真をアップしていいのかな。」

と、聞くことが必要である。


家族写真は、家族が顔をさらすことだと心しておかねばならない。犯罪行為やいじめ案件、不祥事があったときに、家族も全部さらされるのを見たことないだろうか。犯罪にかかわることを予定する必要はないかも知れないが、いろんな事件に関連して直接関係のない家族までさらされるのを見ていると、怖くなってくる。

4　○年△組保護者ライン——参観日の翌日から学級崩壊

ラインの落とし穴を考えてみよう。

○年△組保護者ラインというものが、本当に存在している。どこの学校でもあると思った方がいい。

僕は直接見せていただいたこともある。

参観日にあんまり親が来ていなくても、油断しないことだ。参観している保護者から、

「今度の先生の授業だめだわ。」

というラインが回ることもある。

ひどい時は、リアルタイムの実況中継のようにラインが回る。参観日の翌日から、学級が崩壊を始めてしまう。

先生の批判（悪口）はあっという間に回る。そういうことは聞きたくないという人にまで

回ってしまう。声の大きな保護者の意見が中心に回るものだ。

そして、悪いことが先に回るものである。

別にいつも悪口を言い回っているわけではないが、何かあったときには一気に悪口ラインが回ると思った方がいい。

教師の不祥事の出た学校では、保護者はちょっとした情報もラインでたくさん共有する。全学年の保護者がいろいろなことを知ってしまう。デマかどうかも分からないままに。

ラインは個人のところへ直接入ってくるから、わざわざ見に行かなくても勝手に入ってくる。

他校の保護者にまで回ってしまう。いろいろなお稽古ごとやスポーツクラブ、それに塾などでも、それぞれのラインを持っていたりするので、そこを媒体にして拡散していく。

ラインは不祥事だけでなく、学校の知らない所で学校の情報が広がっていくものでもある。

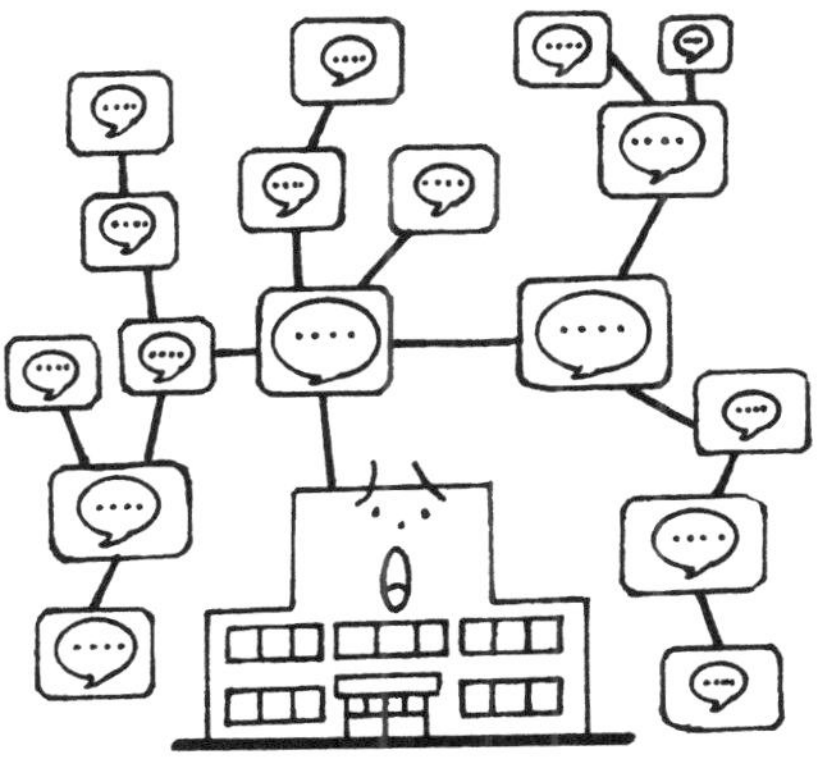

5　ラインのいじめの進化

「ラインでいじめの書き込み」なんて、もう古いということを知っているか？

一〇年ほど前には、ラインで直接悪口を書き込んでいじめるということがよくあった。当時、僕は生活指導部長として、

「ラインで悪口を書き込まれたら、見ているのも気持ち悪いだろうけれども、そのまま保存しておきなさい。証拠になるから。」

という指導をしていた。

一五年前には、メールを使った、そういう直接的ないじめが横行していた。当時、生活指導部長をしていた学校で、子どもと保護者にネチケット教育を何度かしたときには、「嫌なメールを送られたり、プロフ*に悪口を書かれたりしたときには、残すと気分悪いだろうけれども、保存しておくように」と指導した。

それが決定的な証拠となって、いじめが表に出てきたということがあった。

今は、もっと巧妙になっている。特に中学生レベルではそうだ。今どきの賢い子どもたち

はそんな証拠の残るようなことはしない。違ういじめへと進化していっているのだ。いじめが発覚したら、大変な目に遭うことは、子どもはよく分かっている。

末だにラインではそんな直接的ないじめがたくさんあると信じている教師がいる。今は直接的ないじめではなく、いじめの対象の子どもだけ外した別のライングループを作って、次の日にいつもと違う時間帯の電車に乗って、その子だけ一人で行かせるというようなことをする。ラインはいじめの温床になりやすい。閉鎖空間なのでいじめが起こりやすい。自分たちだけのやりとりになるから、他の人間が見つけることが困難になる。だから、特定の子どもの悪口を言い合っているうちに

「あの子、むかつくよね。」

「ねえ、○○でやっちゃうか。」

などと、どんどんエスカレートしていく。口裏合わせも念入りになる。何をラインでやりとりしているかが、外側からは決して分からないのだ。

＊プロフ

プロフィールサイトの略。女子高生を中心として広がった。自己紹介サイトではあるが、自分のキャラを演じる道具としてとらえられている場合もある。

6　スマホは子どもの武器だととらえよ

松戸市の市立小学校で二〇一六年五月に起こった案件。

当時の四年生児童どうしがもめたときに、教師たちが「やり返しても構わない」などとあおるような言葉を発していた。

当事者の児童のうち一人が六月から不登校になり、六年生になっても不登校で、学校側は担任と教頭の発言が不適切だったと謝罪したが、保護者は学校に不信感を抱き、謝罪を受け入れなかった。

ところが、その時の様子が動画投稿サイトに掲載された。以前からトラブルがあったため、この児童が録音していたのである。

学校からの報告で市教委は初めて事案を把握。現在の教頭と市教委職員三人が保護者宅を訪問。保護者は当時の教頭と担任教諭の処分を求めた。

二〇一九年一一月に問題になったこと。

高崎商科大学附属高校では、授業中に体罰をした教師をクラスメイトが動画に撮って、SNSに投稿した。

皮肉なことに、スマホのクラウドサービスを使った授業中であったそうだ。

どうしてそういうことになったかは、分からない。体罰をしている瞬間だけを取り上げられて拡散される。本当はそこに至るまでに何があったのかということは重要なことなのに、それはアップされない。

これからは、こういう事例がどんどん増えてくるだろう。

別にスマホを持っていなくても、ICリコーダーをポケットに忍ばせている子どもは、もうすでにどこの学校にもいる。

幼稚園や保育所でさえ、先生の体罰や暴言を確かめるために園児にICリコーダーを持たせて録音させていたということがあった。

学校や園が隠蔽しようとしたら事実の録音が出てきたり、SNSに投稿されたりして、大騒ぎになることもあるということだ。

僕の学校では、二〇一九年度から、四年生以上にタブレットを持たせている。僕は先生方に次のようなことを繰り返し言っている。

「子どもがタブレットを持つということは、子どもが武器を持つことだと考えましょう。例えば、先生が興奮して子どもの襟元を締め上げて、大声で

『誰に向かって言ってるんや！』

などとやってしまったとします。それをタブレットで動画を撮ったり、録音したりして、家に送ってしまうか一気に投稿してしまうということがあるということです。子どもたちはスマホネイティブですから、あっという間にやりますよ。前後は関係なく、その部分だけ拡散されたら、致命的になります。良識のある叱り方、大声ではない落ち着いた叱責の仕方を心がけましょう。そういう時代になってきたということですよ。」

新しい時代になっているということを認識しようということだ。

「はじめに」でも書いたが、大阪府では、中高生のスマホを条件付きで許可しようという話がある。文科省も容認の方向で

「結果を見守りたい。」

などと言っている。

二〇一八年の大阪北部地震を契機に、安全安心のために学校に子どもたちがスマホを持ち込むことを容認する方向性があるということだ。

つまり、スマホを持つということは、子どもたちが武器を手にすることでもあると考えよう。

僕はこの方向性は、とてもいいことだと思っている。教師たちはいつでも写真や動画を撮られる危険性があるとなると、暴言もはけないし、誰から見ても納得できる指導しかできなくなる。

つまらない言動で子どもたちに圧力をかけて苦しめる教師がやり玉にあがり、払拭されるということだ。

おまけに、隠蔽はしにくくなる。言ったとか言わないとかの水掛け論も影をひそめるだろう。

「隠蔽」という言葉が適当かどうかは微妙なのだが、学校というところは、子どもたちのプライバシーを守るために必要な「ひみつ」というものがある。僕も墓場まで持っていくべきことを持っている。そういう場合は隠蔽とみられても仕方ないこともある。

しかし、それを拡大解釈して自分たちの都合の悪いことを「隠蔽」することが、最近は多すぎる。

今の時代、事実を隠蔽したり、歪曲したりしようとすると、録音録画を通じて、白日の下にさらされてしまうということを、みんなが自覚してほしい。

学校現場の健全化にとっては良いことだろう。怒鳴り声や圧力で子どもをコントロールしようとしてきた教師たちには厳しいことではあるが……。

7　同僚、職場の悪口を垂れ流す教師

ＳＮＳを使って同僚の悪口を言う教師がいる。

「友だち」にしか伝わらないという安易な考えからだろうが、甘いとしか言えない。同僚の悪口を言うときは、学校を辞めるか大喧嘩するかくらいの覚悟で臨まないと。自分の学校での立場が決定的に悪くなるだろうということを考えて出さないといけない。

その強い意志がなければ、するべきではない。

それよりも、根本的に教師の仕事をしていて同僚の悪口を公に言いまくるのはないんじゃないか。親しい中だけで愚痴を言うならいい。そういうのは、内輪だけのグループラインを使えばいいのだ。

同僚と呑みに行って騒いでも良いところで悪口を言い合うようなことを、ＳＮＳにアップするなんて、大人のすることではない。

少し前に漫才のＭ―１グランプリで、落選した漫才師たちが酒を呑んでいて審査員の悪口

をSNSにアップしたという事件があった。これもバカッターの一種なのだが、記憶に新しいところだろう。

その後の彼らの受けたバッシングはすさまじいものだった。

同じことを教師がしたらどうなるのだろうか。

その内容が拡散していき、そのうちワイドショーなどでも取り上げられて、世間からバッシングを受けるだろうし、おそらく仕事も辞めなければならなくなるだろう。

そんな恐ろしいことなのに、バカッターに近いことをしている教師がいるのである。

もちろん、匿名投稿や限定投稿が圧倒的に多いのだが、それもいつの間にか漏れていって、トラブルになっている場合がある。

もしも子どもたちが同じようなことをしたときには、その先生は何と言うのだろうか。

自分が絶対に正しいという立場に立って同僚の悪口になることを言うという方が、セミナーなどでもたまにいらっしゃる。

「私の学校で担任の教師がこんなことをしていて、見ていられません。」

などと言うことを言うのだ。みんなに賛同して欲しいのだろうが、好ましくない。その人のいないところで、ある意味公の場で、同僚をディスるのは、どうかと思う。

それから、管理職への愚痴もSNS上でたまに見かけるが、その管理職が見ないとも限らない。スクショさえ撮ってしまえば、一枚の写真だから拡散は簡単だ。どこかで見られてしまうことになるかも知れないし、「友だち」の誰かが、御注進するかも知れない。前も言ったが、SNS上の「友だち」は、本当の友だちではない。

いずれにしても、SNSでは見られてもかまわないことを書きこむということが基本である。

8　見ていて疲れるならば

ＳＮＳを見ていると、しんどくなるという話をよく聞く。その気持ちはよく分かる。しょせんただの媒体なのだから自分が使いこなせばよい、見なければよいだけのことだという意見がある。その考えもその通りだと思う。

若手には、

「体調悪いときは、見ない方がいいよ。」

とアドバイスする。

「リア充投稿」と呼ばれる、成功の部分的な切り取りがＳＮＳ上に並ぶときがある。学期の終わり頃には特にそれが多くなる。それらを自分の教育がうまくいっていないときに見るとしんどくて落ち込んでしまうことさえある。

そういうときには、リア充投稿は見ない方がいいと思う。だいたい本当はどんなクラスかは分からないのだから。リア充を書いている先生のクラスが実は学級崩壊していたなんてことはよくあることだ。ＳＮＳを鵜呑みにしないことだ。

ＳＮＳにあげられているのは、その先生の主観を通して見た一部分の切り取りに過ぎないということを頭に置いておこう。

また、読んでしまうと腹の立つような投稿もある。

Ｔ２で入りながら、主担の先生のやっていることに対して、さりげなくフェイスブックに投稿して批判する。

自分は何もできる技術もないのに、「あんなことやっていたら、子どもがかわいそう」的なことを投稿する人たちが実際にいる。

ときには、担任を任せられないからＴ２にさせられたような先生が、担任を批判して投稿しているときもある。

そんなＴ２に教室にいられたら、たまったもんじゃない。

世の中には、いろんな人がいるんだなあと思って、余裕を持ってＳＮＳを見ればいいのではないだろうか。

要するに、テレビの視聴のように

「見たい番組だけ見ればいいんだ。」

という感覚くらいがいいのではないだろうか。

フェイスブックには多くの先生が力を入れた実践をアップしている。アップするくらいだから、自信を持っているのだ。

「俺って、すごいだろう。」

という投稿者の香りがしてくる。

でも実は、教室でいま実践していることの評価は、簡単にはくだせないものだ。

SNSを見ていると、

「この人のやり方、危ういなあ。」

と思ったり、

「そのやり方では、クラスの中で子どもの中には、そこにいるのがしんどい子もいるんじゃないかなあ。」

なんて考えたりしてしまう。

僕はがんばって取り組んでいるどの実践も否定する気持ちは全くない。けれども、直接見たこともないクラスの、一方的に教師目線の投稿を、そのまま真実として真に受けることもしたくない。

基本的にSNSには悪いことは書くべきじゃないから、良いことが並ぶのは当たり前なんだけど、見ていて苦しそうな投稿もたくさんある。

子どもの態度が悪いから……とか、授業中に聞いてもらえない……とかそんなことは本来SNSには書くべきじゃない。だから、よけいにリア充投稿が多くなる。

新年度早々、学級や授業がもう一つうまくいってない感じのある先生は、フェイスブックなどのSNSを見ない方がいいと思う。

素晴らしい実践としてアップされていることが、はたして実際の教室ではどうなのかということは、分からないものだ。

そういうものを見てしまうと、あせりだけが生じてしまう。

僕の知っている範囲では、四月から学級について、子どもについて悩んでいる人は山ほどいる。悩んでいるのは、自分一人だけではないということが分かる投稿だけ読めれば、楽になるのだけれど、そうもいかない。

ともかく、リア充投稿を読むと、自分の現状と比較してしまい、苦しくなってくるのだ。

学級がうまくいっていないときは、ＳＮＳからしばし離れよう。

僕自身は、三学期末の投稿を見るのがつらかった時期があった。もう担任は持たなくなったときからの数年間である。三〇年以上も学級担任をしてきて、子どもたちとのドラマを共有してきた僕には、とても羨ましいことだった。

その僕が、感動的な卒業式や年度末の子どもたちとの別れの投稿を見ていると、うらやましく、さびしくなってしまうのだ。おまけに、三月の中旬から四月の上旬までの期間は、比較的僕の講演などの依頼は少なくなって暇になる時期なので、忙しさに紛らせることができないから、よけいにだ。

だから、一時、三月末にはＳＮＳを見ない時期があった。

今はもうさまざまなことに吹っ切れているから、なんともなくなった。

ともかく、リア充投稿は、体調悪いときは見ないことだ。

9　子どもとラインでつながるとは？

子どもとラインでつながっている教師がいる。

そう言うと、

「コンプライアンス上問題があるのでは……。」

とか、

「子どもとラインでつながるなんて、もってのほかだ。」

などという意見が飛んできそうだ。

僕はそんな風に断定するつもりはない。

そもそも、
子どもと個人的につながってはいけないのだろうか？
という根本的なことを考えてほしい。
戦後の民主教育の時代を迎えてから、日本の教育の一環として「生活綴り方」や「日記指導」というものが広まっていった。これらは、子どもと個別につながることが中心でもある。

僕はよく新任研などで、

「子ども一人ひとりとつながるものを何か持ちなさい。」

と話している。

個々の子どもを理解し、個々の子どもに寄り添うことは大切なことだ。人は関係性において相手の話を聞くものなのだから、子どもとつながりを持つことそのものは、否定されるべきものではない。

日記もラインも個別に子どもと教師がつながるアイテムとして、基本的には同じではないだろうか。

問題はラインというアプリにあるのではなくて、その使い方、書き方にあるのだと考える。

不登校の子どもとラインで交流している教師がいる。そうすると、子どもたちの実態も見えてくる面がある。不登校の子どもでも、友だちとはラインでつながったりしていることはよくあるのだ。

案外、ラインなどの中に、子どもたちの実態があったりする。そんなことを全て否定して一律に禁止としても良いのだろうか。

ところが、子どもとラインでつながっていると、夜中でもひっきりなしに子どもからラインがくることがある。既読にならないと、文句を言ってくることもある。

「なんで読まないのよ！」

というように。

でも、そうすることが、ラインによって気持ちを軽くして、不登校の子どもがとことん落ち込まなくてすむということもある。

もちろん、そこには教師の勤務時間を超えてしまうという問題もあるので、決しておススメはしない。

教師が子どもとラインをして問題となるのは、完全に閉鎖された関係でものごとがエスカレートする可能性が有るということだろう。そして、いわゆる「特別扱い」や「ひいき」というものが生まれやすいということもあるだろう。

また、ラインのグループに入ってしまうと、教師と子どもの関係ではなくて、友だちのような関係になってしまうのも、まずいことである。

子どもとラインをするリスクは、やはり大きい。

二〇年ほど前に流行っていた交換日記。学校では禁止したり、人の悪口を書かないなどと条件付きで許可したりしたものだ。僕は六年担任でいくつもの交換日記に参加させられていたことがある。僕の目に触れることが分かっているのに、際どい悪口や先生への批判などを書いてくるので困った。

この交換日記が、今はラインのグループに変わった。ラインでの秘密のグループだから、他人の悪口も書き放題だ。しかも、規制しようがない。そのライングループに教師が入ると、他の先生やクラスの子どもたちの悪口を目にすることとなる。注意しなければ、公正な教育ができなくなってしまう可能性も出てくるだろう。

そういうことをいろいろと考えて、いざとなったら自分が責任を持つという覚悟もなしに、子どもたちとラインをするべきではないだろう。

若い先生方は、ついつい深く考えずにしてしまうことがあるので、気を付けた方がいいだろう。

10　世界とつながるSNS

SNSで頭に置いておかないといけないことの一つに、世界とつながってしまうという点がある。

もちろん、SNSで世界中の人たちと交流できるのは素晴らしいことである。海外の友だちとも語り合うことができる。

しかし、世界とつながるということは、リスクも大きくなるということだ。

SNSのサイトは千差万別でいくつも存在する。その一つひとつがどこの国の会社が経営していて、どう運用されているのかを知って使っている人はあまりいないようだ。

例えばあるSNSにアカウントを登録することによって、自分の個人情報が自分の知らないうちに他国へ持ち出されているということがあるかも知れない。

「たかが日本の一教師の情報など、他国が必要とするわけがない。」

という考えもあるだろう。

しかし、情報というものは、いつどこで利用されるのかは、分からないものだ。

いつもいつも世界を意識して投稿しろとまでは思わないが、やはり、このＳＮＳはどこの国が発祥で、その国はどういう国であるかくらいは、アカウントを登録するときに考えて選んだ方が良いのではないだろうか。

Taga Itiro

第三章 悪意渦巻くツイッター

ツイッターには悪意が渦巻いている。健全な思考はあまり見えない。ネガティブなものが多く、精神的なコンディションの悪いときは見ない方がいいかも。

今のＳＮＳ時代をよく表しているのが、ＮＧＴ48でトラブルに遭った山口真帆さんの事件の経過である。このとき、ツイッターについて、いろいろと考えさせられる出来事があった。

ＮＧＴ48を管理運営する主催者ともめた結果、山口さんは二人の仲間と一緒にＮＧＴ48を卒業することになったのであるが、このとき彼女たちの卒業公演をテレビで見ながら、

「せっかくネイルしているのにチャンネル変えてほしい。」

などと、よけいな呟きをＳＮＳ上でしたメンバーがいた。ＳＮＳで友だち限定の投稿をしたつもりで公開投稿をしてしまっていたために、大炎上したのである。

ＮＧＴ48では降格処分を受けたそうだが、これも軽い気持ちで投稿したことが大事を引き起こしてしまった。

簡単に本音やそれほどでもない気持ちで言ったことを、うっかりそのままＳＮＳにアップしたりすると、あっという間に広まって炎上してしまうということだ。

一方、山口真帆さんは、もう一つ興味深いことを示してくれた。

彼女の事件について、主催者が説明会見を開いたところ、山口さん自身がそれをテレビで見ながら同時に反論ツイートをしたということである。これで主催者の話が怪しいのではないかと世間が疑問を持ってしまった。会見場でＳＮＳを見ながら記者が質問するなど、前代未聞のことである。

ＳＮＳを使えば、誰でも公に向かってリアルタイムに反論できるということを示したのだ。興味深い。どんな人でも公的に反論できる場としてＳＮＳが使われるということなのだ。

それはさておき、ツイッターを見ているだけで、気分が悪くなることは多い。

悪意が渦巻いているからだ。

学校はブラック企業だと煽る投稿も多いし（もっとも神戸の東須磨小学校のような出来事が起こると、ブラックどころか漆黒の闇の世界に見えてしまうが……）、ツイッターでは虚偽記載もとても多い。いわゆるフェイクニュースである。匿名投稿が可能だということは、そういうことをたくさん起こしてしまう。ここにも悪意が見られる。

特に学校や教育関係では健全な投稿が少なくて、読んでいて悲しくなるときさえある。若

手教師や学生に少しでも

「教師っていいものだよ、みんながんばれ。」

というメッセージの投稿をしようとしても、なかなか難しい。悪意の深さに押し流されそうになる。

実際、ツイッターで個々見ているが、「いいね」の数は少ない。

それでも、がんばってそういう投稿をしていきたいと思っている。

また、ツイッターもある意味狭い世界のことである。若い人たちが集まって気勢をあげている場合もある。たとえ千人以上集まろうとも、自分たちだけの閉鎖的な世界なのだということをもっと意識してほしいものだ。

1　僕の炎上体験

僕のツイッターが、炎上していた。

投稿して、その後どうなったかなんて見ないから、知らん顔していたら

「多賀先生、炎上しているよ。」

と知り合いから言われて改めてリツイートを見たら、なんとものすごい数で書き込みがされていて驚いた。

僕の投稿は、次の通り。

◆多賀一郎　四月七日

「新任から数年間は子どもをたくさん潰す。失敗だらけ。そこで辞めたら、潰しただけで終わる。

五年間、潰した子どもを背負って力をつけていき、そこから何倍もの子どもたちを救う。

教師はそういう仕事だ。」

こう書いていた。

これに対して、最初、ばあっと文句の書き込みが来た。

否定的なコメントが相次いだ。人格攻撃が重なった。読んだら気分悪くなった。

しかし、この後、僕の知り合いでもない方たちが、僕を擁護するコメントを書いてくれ始めた。

断罪派と擁護派がお互いに言い合いもしていた。

問題なのは、悪口、批判、人格攻撃をする人たちの匿名性である。

匿名だから気が大きくなるのだろうか。書いているうちに残虐性が出て、過激な言い方になりやすいようだ。自分に直接戻ってこないからである。

例えば、自ら退職教師だと名乗る方は、僕の考え方をまるであり得ないことであるかのように書いて、僕を断罪した。

僕が開き直っていると攻撃し、危険な思想を改めろとまでおっしゃった。

この方が教師だったとすれば、新卒からずっと誰一人子どもを潰してこなかったと思っていらっしゃるわけである。

それこそあり得ない。未熟で力もない、子どもたちを見取る眼力も経験もない若い教師には、子どもの苦しみに気づいてあげられる力もない。もし気づいても有効な手立ても打てなくて、救える子どもたちも救いきれないのではないか。新卒から全ての子どもたちにちゃんと行き届いた教育なんて、絶対にできっこない。

その悔しさや懺悔の気持ちで頑張って、少しずつ大勢の子どもたちを救えるようになっていくものなのである。

この方は、そういう反省もなくやってこられたわけだから、この先生に担任されてきた子どもたちはどうだったのだろうかと考えてしまう。

攻撃には、こういうのもあった。

自分は失敗しながら成長すれば良いが、子どもを潰す失敗は許されないと、断罪したコメントもあった。

決して間違ったことをおっしゃってはいない。でも、この世の中でどんな職種であっても新人から全てをうまくやっていけることなどは、とうてい考えられないことだ。

初めから悪意で読んでいるのかも知れないが、自分を安全な高いところに置いておいて他者を糾弾して正義の味方になった気分になっているのではないだろうか。

ツイッターには、そういう人たちがあふれている。そして一四〇文字でしか表現できないから、言葉足らずになってしまいがちになり、誤解を生むことも多いのだ。僕の投稿の場合、「潰す」という言葉の持つ感じが誤解や曲解につながったようだ。言葉は吟味して使った方がいい。

さて、保護者の立場からすると、特に我が子が教師に辛い思いをさせられた方にとっては、僕の投稿は看過できなかったのだろう。

こっちも不慣れだから馬鹿教師は潰していくといった言い方をされたが、そのお気持ちはよく理解できる。そりゃあ、教師が子どもを潰して当然だと言われたら、腹も立つだろう。よく読めばそういう意図ではなかったと理解してもらえたかも知れないが、先にカチンときてしまったのだろう。せめて「潰す」という言葉を「うまくできない」という程度の言葉にしておけば良かったのかも知れない。

教師への不信が根底にあってのコメントだろうと推察できる。ルサンチマンだろう。心情の理解はできる。

伝えたい意図のようには伝わっていかないのだということを強く感じた。顔を突き合わせて話し合いをすることはできないので、相手の反応を読み取りながら話せないのがツイッターだから、仕方ないのだが。

言葉足らずになるということを分かった上で投稿しないと、思いもよらぬ攻撃を受けて自分も他者も傷つくことになる。

こういうふうに、ツイッターはいろんな考えと立場の人たちがからんでくる場所なんだなあと分かった。炎上は良い体験になったということだ。

いずれにしても、悪意あふれるコメントは、読んだだけで気分が悪くなる。

幸いだったのは、僕の全然知らない方たちがたくさん反論して、決して否定論だけで終わらなかったことだ。

そういう皆さんには、感謝している。ＳＮＳ上にはまともな方も大勢いらっしゃることは、忘れてはならない。

2　匿名の「正義の味方」

前の項でも述べたように、ツイッターで攻撃性の高い方々には、自らが「正義の味方」であるという意識があるようだ。

誰かの投稿に対して一刀両断で断罪する人は、自分の氏名も立場も公開せず、匿名という壁の後ろに隠れて言いたい放題である。

フェイスブックのように人物がはっきりと特定されるサイトだと、とことん攻撃するなどということは、ほとんどできない。しかし、ツイッターでは匿名なので、それができてしまうのだ。自分がさらされないから、いくらでもエスカレートしていくのである。

ツイッターに限らず、他のＳＮＳであっても人を傷つける投稿が見られる。ただし、嫌なコメントには書き込んだ人のフォローを外したり、切ったりできる。

問題なのは、善意のコメントだ。傷ついてしんどい状態の人に、その人のことを思って「がんばってね！」

のコメントを出すような場合だ。善意が明らかなので、否定できないが、とことんがんばっている人間には、さらにダメージを与えることがある。

「これ以上、何を頑張れと言うのよ。」

と、心にこたえてしまう。そっとしておいてほしいときには、SNSに投稿せず、他人のSNSも見ない方が良いだろう。

それから、悪意はないのだろうが、他人の投稿のコメント欄に、自分のホームページのURLを貼り付けてくる方がいらっしゃる。これは、ある意味その人の名前を使って自分を売り込むような行為である。コメントをされたご本人がそれを望んでいるのならば、全く問題ないことだけれども、見方を変えれば、とても失礼な行為になってしまう。心しておきたいことだ。

僕のフェイスブックの投稿に、議論を吹っかけてこられた方がいらっしゃった。何人かに相談して、僕はその人をブロック*した。

いずれにしても、悪意があってすることではなく、相手のことを思ってしていることであっても、善意によって人を傷つけたり人の気分を害したりすることがあるということは、知っておいた方がいいだろう。

神戸市の教員による暴行事件のときに学校に抗議電話が殺到して、業務に影響が出た。大学の先生が、安全な場所から攻撃するような行為をするものに、他者を非難する資格はないとツイートした。

すると早速そのことについての賛否のリツイートが殺到した。いろいろな意見があっていいし、僕はそういう電話が学校にかかるのも仕方ないだろうと思う。明らかに業務妨害だけれども。

問題は、その言い方である。きちんとした言葉を使って「……だと思います。」というような言い方をする人の話はそれぞれの意見だと考えられる。

しかし、

「犯罪者だから、どう非難しようが勝手だ。」

とか、

「なに『私はがんばってます』アピールしてんだよ。」

とかいうような言い方を匿名でしていることに問題がある。堂々と名前と顔をさらして語っている人の言葉に匿名で攻撃するというのは、破廉恥な行為である。

こういう人たちは、直接出会ってみたら案外ふつうの感じの方で、おとなしいタイプが多いと言う。

自分の名前をさらすということは、社会的な地位のある人間にはリスクが生じる。それでも語っている人と、匿名で言葉を投げつける人とは、同列ではない。

ツイッターでは、こういうことがしょっちゅう起きているのだ。

ただし、この件も圧倒的に大学の先生を支持する意見がたくさん集まって、少しほっとした。まともな人たちもたくさんいらっしゃるということだ。

僕はツイッターでは、顔こそ多賀マークにしているがきちんと本名をさらして書き込みをしている。追手門学院小学校の名前も当然分かるようになっている。

だから、いつも追手門の教師だという意識を持って投稿したりコメントしたりしているつもりだ。

ツイッターで匿名投稿している人たちの意見など、しょせん名前を隠して他人の悪口を言っているレベルなのだから、気にしない方がいい。

とは言うものの、悪意のあるいやなコメントには、傷ついてしまうこともある。言葉の怖さだと思う。

＊ブロック

ＳＮＳで、付き合いたくない相手との関係を断つこと。ほとんどのＳＮＳでは、気に入らない相手をブロックすることができる。

3　子どもたちが犯罪に巻き込まれる

ここまでにも述べてきたが、ＳＮＳは犯罪に巻き込まれやすい。特に子どもたちは判断力も弱く、高校生くらいでも、まだまだ子どもの部分がある。世の中の怖さは知らない子どもが多い。

ＳＮＳの被害で多いのは、過剰請求と性犯罪である。

過剰請求は詐欺だから、公的な手段で払わなかったりできるのだが、子どもは親に内緒でいろんなことをしていたりするから、そのことを言いにくい。だから、よけいにたくさんの請求に答えてしまいがちである。

ＳＮＳから個人情報が漏えいして、メールで

「当選いたしました。」

と、ＵＲＬが送られてくる。「なんだろう?」と思ってクリックすると、そこからややこしいところに誘導されたり、フィッシングの詐欺に遭ったりする。

「この前はごめんなさい。今日は空いてるよ。メールして。」

などと女性の誘い文句のようなものも送られてくる。

「支払わないと、裁判にする。」

などとぶっそうなものが来たら、大人でも【そういうことに詳しくないと】だまされてしまいかねない。

もっとも多額の請求をされるほど、ゲームなどにつぎ込んでしまうことがあり、二、三〇万円くらいは、すぐに請求されてしまう。子ども自身はバーチャル世界で遊んでいるから、お金を使っている実感がない。そのため、気づいたときには莫大な請求がくることになる。

お金ならまだなんとかなるが、性被害については、取り返しのつかないことが起こることもある。言葉巧みに誘導されて相手が喜ぶからと、自分の裸の写真を撮って見知らぬ「友だち」へ送るということが、本当にたくさんあるのだ。

表ざたになっているものだけでも、類似した事件が週に一度くらいはあるのだから、実際にはもっと多くの子どもたちが被害にあっている可能性が高い。

子どもが性的な被害に遭うと、それによって大きなトラウマを持ち、極度の異性嫌悪になってしまうことがある。

スマホというアイテムを子どもに自由に使わせるということは、そういう怖れも同時に生じるということだ。

僕は一五歳未満の子どもについては、夜八時以後は親が預かるか、使えなくするなどのことをしないと、被害をおさえられないと思っている。

ＳＮＳで、一人ぼっちで街をうろついているなどと投稿したら、「好い鴨が見つかった」とばかりにアプローチしてくる狼たちもいるようだ。判断力の弱い子どもたちが気軽に鴨になってしまう。

子どもが性的に傷ついたりしたら、一生引きずることもある。しかも、そのことを家族にも言えずに黙ってしまうことは多い。ネチケット教育は、そこまで含めて教えていかないと、子どもたちは守れないのではないか。

4 「特定班」の存在

「特定班」という、問題を起こした教師などを特定して拡散させる暇な人たちがいる。匿名で報道されていても、あっという間に本名や写真、家族に住所を見付けて来て、ＳＮＳに投稿して公にさらしてしまうのである。彼らは、正義の味方気分でそういう行為をしている。

「そんな悪いやつらには、社会的に制裁を加えないといかん！」

などと、彼らは思っている。まさしく英雄気取りなのだ。ＳＮＳは、匿名で正義の味方ができるために残虐性が増すから、さらにたちが悪い。

覚えているかな、桜宮高校でバスケ部の顧問の体罰がもとで生徒が自殺した件のことを。その先生は、未だにネットで実名と顔をさらされている。

その教師の行為がもたらした結果（子どもの自殺）を考えたら、当然だと思えなくもないが、あっという間に個人の顔、家族、住所を「特定」して、画像などもネットでさらしてしまうのだ。

どのようにして「特定」するのかということを、直近の例で言おう。二〇一九年一〇月に発覚した神戸の東須磨小学校で発覚した教師集団による暴行事件。

最初のニュースが伝わったとたんに、さまざまなサイトで「特定班」による犯人【加害者】探しが始まった。学校のホームページで校長の名前と写真をとってくる。四月の神戸市の人事異動の発表の表を数年間分探し出してきて、該当者を特定していく。知り合いのつてを頼ってその学校の関係者に尋ねる。卒業生と思われる人のSNSから、加害者の名前をつかもうとする。そういう「特定班」がネット上にたくさん存在する。彼らは正義の味方だから、被害者をさらすということは、ほとんどやらない。

いじめに加担した教師たちは言語道断であり、永久に教育関係から去ってほしいと僕は思っている。子どもたちにどれほどの傷跡を残したかを考えると、情状酌量の余地などは全くない。

しかし、ここで述べたいのは犯罪行為の是非ではなくて、このようにして特定していくのだということだ。そのエネルギーには感心してしまうのだが、そうやって分かったらさらしていくサイトにしていくのだ。いわゆるキュレーション*である。そこに多数のアクセスがあり、それによって広告収入が入るのだということも、忘れてはならないだろう。

自分は安全な位置に置いて、正義の刃をふりかざすという形になっている。

他人事ではない。

ある日自分のクラスでいじめが起こり、子どもが自殺したら、顔と名前を特定され、家族や住所までさらされるのだ。

拡散してしまったら、もう止められない。これは教師みんなが背負っているリスクでもあると認識しておこう。

＊キュレーション

元々は情報を選択収集して整理すること。ネット上であふれる情報の中から選択して編集してアップすることを言う。ツイッターの呟きをまとめたりすることが多いが、アクセスが多いと広告収入の入る場合もある。キュレーションを行う人をキュレーターと呼ぶ。

5　デジタル・タトゥー　――他人事ではありません

家族旅行の写真をアップする人がいる。家族で旅行に行っていますという写真を顔の見えないようにアップしているのは良いのだが、その家には何日も人がいないということを公開してしまっているようなものだ。

泥棒が悪用できてしまう。

知り合いが家で子どもが一人で留守番しているなんてことを書いていたので「危険だから、すぐに削除しなさい。」と言って消させたことが何度もある。

悪いやつが見たら、チャンスだと思うかも知れない。

ＳＮＳ上には、こういうことに対して無防備で甘い人が多いと思うのだ。

一度投稿してしまうと、自分の意志とは関係なくいつまでもネット上に残ってしまう。「デジタル・タトゥー」とは、そういうネット上で消せなくなって残ってしまった投稿や写真のことである。

すてきな恋をして、南の島で過激なツーショットを投稿したとする。その恋が成就すれば良いけれど、破たんして自分の投稿は消すことができても、ネット上にタトゥーのように残ってしまう。

新しい恋人ができたら、ちょっと問題になるかも知れない。

バカッターの投稿は、たくさんデジタル・タトゥーとなって、残ってしまい、ネット上をさまよっている。軽い気持ちで、ノリで投稿したものが、一生消せないものとして残ることがあるのだ。

SNSの投稿やコメントは、誰が見ても、どんなに自分の人生の状況が変わろうとも問題ないものにするべきだと思う。

6　言葉も知ろう

ＳＮＳで使われている次の言葉の意味が分かるかな？

フロリダ	風呂に入るので離脱
ファボ	フェイバリット（お気に入り）の略
パクツイ	人のツイートをパクる
時線	タイムライン
とらほー	阪神ワンダホー
こマ？	これマジですか？

さらにいこう。その他にも、「ひま部」＊って、ご存知だろうか。学生限定のＳＮＳである。ただし、学年は自己申告だから、年齢のごまかしなど簡単にできてしまう。女子高生が仲良くなって、出会ってみたらおじさんだったなどということは、めずらしいことではない。

最近はトラブルが多いので、年齢確認をされるようになったみたいである。犯罪の温床になっていて、たくさんの子どもたちが性犯罪の被害に遭っていることがあるようである。児童ポルノ被害やＪＫ淫行などが起こりやすいものだ。

それから、エゴサーチしたことあるかな？　そもそもエゴサーチって何か、ご存知かな？自分の名前を検索して、どこかで自分のことをなんて言われているか見てみることをエゴサーチと言う。

一度やってみるといい。どこかで悪口を言われていることが発見できるかも知れない。

昔、六年生の女の子がブログで学校の先生の間接的な悪口を書いていたことがあった。これは発覚したからと言って、止めさせるということは簡単ではなかった。校則にも禁止条項がなかったし。

それから、女の子が自分のブログで怪しい男に誘われていることをアップしていて、知り合いが僕に「危ないから、止めてください」と教えてくれたことがある。

我々の知らない所で、知らない言葉のやりとりが行われている。知らない仕組みがたくさんある。

教師たちは案外いろんなことを知らないものだ。僕も一部しか知らない。でも、知らないということを開き直って、

「そんなことには興味がない。」

とうそぶいてはいけない。

ヤングアダルトには、それにはまってしまっている子どももいるようだ。

ＳＮＳ上で起きていること、使われている言葉ぐらいは知ろうという努力は教師たる者、すべきではないだろうか？

せめて、知ろうという努力ぐらいはしよう。

＊なお、「ひま部」は、二〇一九年度いっぱいで廃止となった。しかし、「ぎゃるる」や「友達作りＴａｌｋ」など、代わりのものが多数あり、新たなサイトが出てくることもあるだろう。

Taga Itiro

第四章　健全なＩＴの活用を

ＩＴは活用しなければ、時代に取り残される。苦手だ、不得手だなんて言っていられない。これくらい乗り越えないと、次世代の子どもたちに教えられない。

1　ルールをきちんとしよう

職員室に帰ってきたら、他人のスマホが点滅していた。何だろうと思ってみたら、病院からの連絡。

「奥様が倒れられて、救急車で運び込まれました。」

との緊急連絡のメール。

さて、これを読んだこと自体はコンプライアンス違反なのだろうか？　見ることすら違反だとしている教育委員会なら、アウトになるかも知れない。

みなさんは、自分ならどうするかな？　返信はするだろうか？

返信せずに見るだけなら、ほとんど問題ないだろう。返信したり電話したりするときには、管理職の許可をもらえばいいのだ。緊急避難という考え方もある。緊急のことには、それなりに対応するべきだ。

コンプライアンスに関しては、きちんとした規定を作らないといけないと思うのだが、どうも曖昧でいいかげんになってしまっている。

2　増えてきた外国人の子どもたち

いろいろな国の子どもたちが教室に入ってくるようになった。

僕が山梨県の笛吹市で授業したときに、クラスにフィリピンの子どもがいた。東大阪のある学校では、四月にいきなりインドネシアの子どもたちが十人入ってきた。兵庫県の出石でも、中国籍の子どもたちがいた。名古屋では、クラスの半数以上が外国人だという学校も出てきている。

国も多岐にわたっている。英語さえ使えればなんとかその子たちと会話できるということも難しい。

あるとき、突然地方に工場と宿舎が建ち、そこに東南アジアの親子が入ってきて、教室にやってくる。いろいろなところで、そのような話を聞く。

日本中、いつでもどこでも日本語も英語も使えない子どもたちが突然入学してくることがあるということだ。

どう対応すればよいのだろうか。

これこそ、ＩＣＴ*活用である。

今は、グーグル翻訳を活用すれば、どの国の言葉にも対応できる。近い将来、教室に居る外国籍の子どもたちがアップルウォッチつけてイヤホンで翻訳したものを聞くようになるかも知れない。

タブレットでプリントを撮影すると、その子の国の言葉に翻訳したプリントに変えることができる。そんなことは、最近、大手の居酒屋でも活用し始めている。

＊ＩＣＴ
Information and Communication Technology・情報通信技術の略。プログラミング教育の導入により、さらに学級現場で注目されている。

3　危機管理で考えると

教師が教室にスマホを持ち込むことを禁止しようとする教育委員会などが出てきた。いまさらこんな時代に何をかいわんやという気持ちである。

では、教師がスマホを教室に持ち込む利点と、それに反対する理由を考えていきたいと思う。

■賛成の理由

◎災害対応

地震が起こったときにスマホを持っていたら、校内放送で全校に緊急放送が入る前に、スマホはギャーギャーギャー騒いでくれる。

緊急事態への対応は、速さが勝負である。少しでも速く対応し始めることがベストではないだろうか。先生がスマホを持っていた方が確実に対応は速くなる。一瞬の対応の遅れは致命傷になりかねない。

◎防犯に即対応

不審者が入ったとき、校内放送で全校に連絡するのかな？

「全校生に連絡します。不審者が校内に侵入したもようなので、教室に居て、鍵を中からかけてじっとしていてください。」

と言うのだろうか？

それなら、犯人も聴いていることになる。

「ああ、教室に子どもたちがかたまっているんだな。そこをねらおう。」

ということにならないだろうか。

緊急のラインをスマホで飛ばせたら、犯人に知らせずに一斉に先生方に伝えられる。

ウフフ
不審者が
校内に 侵入した
もようです
教室で じっとして
いてください

◎その他

さらに、写真がいつでも撮れるので、学級通信などに活用して、子どもたちの様子をおうちに伝えることができる。

これは、良い活用法だと言っていいだろう。新学期の初めに保護者に学級通信で写真を使っても良いかどうかを確認しておけば良いのだ。

それから、アナフィラキシーが起きたとき、命を守るために一刻を争うときは、スマホを使うのはダメだろうか？

教室や野外学習のときに子どものアナフィラキシーが起きたとき、いちいち誰かが学校まで走って帰ってきて、救急車を呼んでもらうようにしていたら、命にかかわることになってしまうかも知れない。

そして、前項でも述べたが、アップルウォッチなどでグーグル翻訳すれば、いろんな外国語に対応できる。そうすれば、外国語が話せない先生でも、子どもたちにも的確に伝えることができるだろう。

■ 反対の理由

◎「子どもに持たせないのだから、先生も持つべきではない」

この理屈は、子どもと教師は常に同じ条件でなければならないという、教育現場の変な理屈なのだ。

大人である教師の装備が子どもと同じである必要などない。教室の唯一の大人なのだから。

◎「授業に必要がない」

先生に確信の持てないことが出てきたとき、授業中にスマホのｇｏｏ《グー》辞書などで調べたらいいのだ、いろんなことを。僕の指導している若い先生たちは、そうしている。

だいたい、使いこなせない人が

「必要などない。」

というものだ。自分ができないから、お前たちも使うなと言っているようにしか聞こえない。

◎「勤務中に使ってしまう教師が出たら、コンプライアンス違反」

これは教師を全く信用しないという話である。

どんなことでもそうだが、一部には必ずコンプライアンス違反は出てくるものだ。良いことではないが、飛行機会社で機長の飲酒をあれほどいさめているのにもかかわらず、後をたたないし、バスや電車の運転手がスマホをいじりながら運転していたというニュースがたくさん流れる。勤務中にＳＮＳに授業の様子を教師がアップして問題になったことがあった。

そういうのは、きちんと処罰すればいい。

そういうモラルも高めていく教師教育も必要だとは思う。

■　何かあったときには……

文部科学相は、携帯電話やスマートフォンについて「小中学校は持ち込みを原則禁止」「高校は校内での使用を禁止」という指針を見直す方針を明らかにした。

文科省は教職員や保護者の意見を聴き、来年度中にも新たな指針をつくる。

同省の二〇〇八年調査によると、公立小中学校の九割以上が持ち込みを「原則禁止」としていた。高校で持ち込みを禁じていたのは約二割だったが、大半が校内や授業中の使用を禁止していた。一方、子どもによる携帯電話やスマホの保有率が上がり、災害時の対応などへの懸念も出ていたため、従来の指針が「時代に合わなくなっていた」（文科省幹部）との声があった。

大阪府では二〇一八年六月の大阪北部地震で、保護者から「子どもと連絡が取れずに困った」といった声が出た。このため、府の新ガイドライン案では校内への持ち込みを認めたうえで、緊急時にだけ使用を認める内容となっている。

つまり、大阪府でどうなるのかを見ながら、文科省は全面禁止の方針を改めると言うのだ。

この流れは止まらないだろう。

大阪の北部地震のとき、追手門小学校では通学時間だったので、一人の子どもが谷町線に入ったまま連絡がとれなくなった。

おうちの方と教師たちが手分けして一つずつ駅に入って確かめていき、ようやく確認できたのだが、おうちの方は生きた心地がしなかっただろうと思う。

スマホを持っていたら、すぐに連絡がついたわけである。

一〇年ほど前にＪＲが止まったとき、六年生だった僕のクラスの子どもたちは、立ち往生していたそれぞれの子どもの家庭にキッズ携帯から連絡させて、全学年の子どもたちを引率して、駅二つ分歩いて学校へ来た。大した子どもたちでしょう。ちょっと自慢。そういうことにも有効である。災害に関しては、かなり有効だと、僕は考えている。

4　ＩＴ機器を活用できる教師、できない教師

ＳＮＳがどうこうという以前に、ＩＴ機器を活用できるかどうかということは、大きな問題である。

はっきり言って、活用できる教師とできない教師とに分かれている。

このことを考えるとき、いつも僕の心にある出来事が浮かんでくる。僕の高校のときの陸上部の友人の話だ。

彼は名古屋の大学の薬学部を卒業して薬剤師の資格を取り、関西にある大きな病院に就職した。そして、四〇半ばでその病院のチーフになった。彼の上にはたくさんの先輩たちがいたのに、彼が抜擢されたのである。

その理由は彼が特別優れていたこともあるかも知れないが、それだけが理由なのではない。

彼は早くからパソコンに取り組んで、使いこなせるようになっていたのだ。（もともとそういう機械ごとの好きな男だった。）僕らの世代はパソコンというものが始まった時代で、

最初はワープロから始まり、そこから、大きなパソコン（フロッピー・ディスクにデータを保存していた。）になっていった。使っていると、途中で何も悪いことはしていないのに、「不正な使用がありました。」と、保存する間もなく画面から作ったソフトが消えていくという経験も繰り返した。今のようにバックアップ機能もついていないので、何時間もかけて作成したファイルが、一瞬にして消えていくのだ。

その後、どんどん軽量化が進み、今日のノートパソコンになってきて、メールやインターネットを活用するという技術も飛躍的に進んできた。

まさしくパソコンの進化と共に生きてきた時代が平成の時代だといっても良いかもしれない。

そういう流れの中で、病院の薬事業務は、発注から薬剤の管理、請求、支払いまで、全てがコンピューターで管理されるようになっていった。従って、コンピューターの扱えない薬剤師は、大きな病院では仕事をしにくくなっていったのだ。

僕の友人が若くして高いポジションに抜擢された背景には、そういうことがあったのである。

自分が苦手な新しいことにチャレンジして学ぼうとしなくなったら、いつの間にか時代から取り残されるのではないか。

いつも、そう考えてきた。

僕自身は機器が苦手である。新しい機器には特に恐怖感が強くなる。周りの「できる人」に教えてもらいながら、なんとか自分自身をバージョンアップして、やっとの思いでついてきたつもりだ。


最初に買ったパソコンは、ナショナル（今のパナソニック）のパソコンだった。データをテープレコーダーのような機器に記録するというものだった。今はもうそんなものは存在しない。次に買ったのがＮＥＣの大きなパソコン。そこからデスクトップでも今ほどの性能がないものを経て、ノートパソコンを持ち歩くようになった。

パワーポイントも、最初はものすごく難しいものに見えていたけど、四苦八苦しながらなんとか使いこなせるようになってきた。と思ったら、さらに進化したものが出てくる。先頭集団には追いつけなくても、後ろからぼちぼちとついていこうと思っている。

阪神大震災の時には携帯電話すらごく一部の人にしかなかったのだが、今は誰でも（子どもも）スマホを持っているようになってきた。スマホやタブレットは、ほとんどパソコンと変わらない。

僕は、スマホを若手に教えてもらいながら、ラインやインスタグラムなどにも挑戦している。

これからの時代では、ネットも知り、ＳＮＳも理解しないと、子どもたちも守れないかも知れなくなると思っている。

もっと言うと、ＩＴ機器を活用しないと、教育現場にいられなくなるかも知れないのだ。必須アイテムだと考えるべきだろう。

ベテランの先生方も、そのくらいの危機感を持ってほしいものだと考えている。

自分が詳しくなくてもいいのだ。若い得意な先生に教えてもらえばいい。そうすることによって

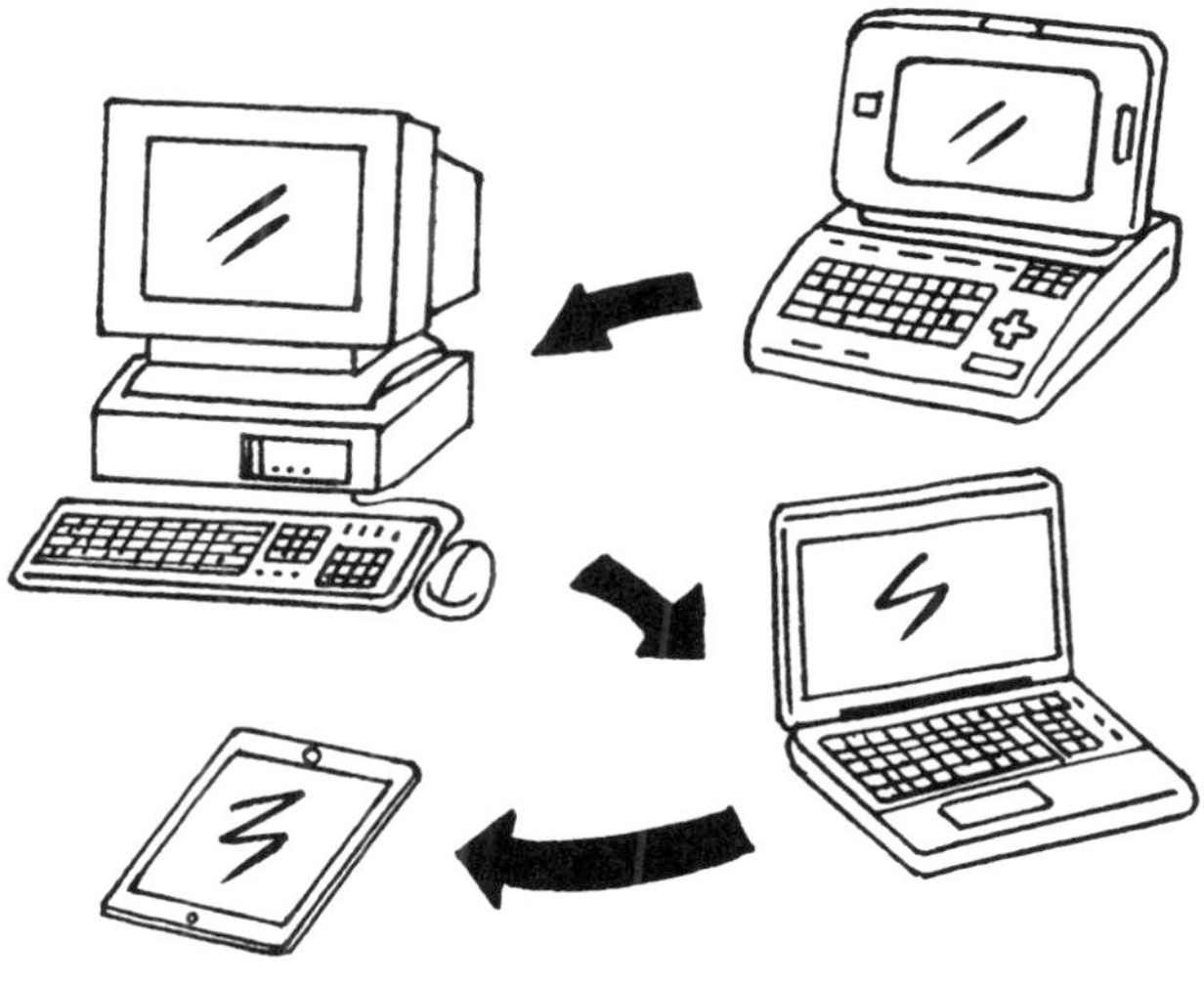

若手とのコミュニケーションもとりやすくなる。

知らない人は、そのものを嫌いになる。これはどんなことについても共通して言えることだ。ネットのことを知らない、SNSを知ろうともしない人は、必ずと言っても良いほどネットそのものに対して否定的になる。

知っている人たちは、ネットの将来を明るいものにしようという前向きな思考になる。

ともかく知ろう。それがスタートだ。

5　メディア・リテラシーを意識しよう

メディア・リテラシーが必要なのは、子どもたちだけではない。

「今の先生たちは、昔の先生の数倍の速さと量の情報を簡単に手に入れられるから、とても我々がおよばないような、凄い実践ができるだろう。」

という声を聞くときがある。

そうかも知れないと思うこともないではないが、でも、情報をたくさん手に入れても、全く意味のない若手もいる。

情報を手に入れることが目的化している人たちだ。

豚肉を食べたらブタ鼻になるわけではない。

マグロを食べたら、凄いスピードで泳ぎ回れるわけでもない。

かしわを食べても羽は生えてこない。

全て、身体の中で消化されて、自分の血肉に変わっていくのだ。

それと同じで、手に入れた情報は、自分の中で取捨選択されて必要なものだけが取り入れられ、自分の実践として形を持ったときに初めて意味を成す。

それがメディア・リテラシーの根本ではないだろうか。

やみくもにありとあらゆる情報を全て吸収しようとするのは、いかがなものかなあ。


メディア・リテラシーは、法律やマナーに触れずに情報を使いこなそうということである。

情報に振り回される人たちがいる。

情報の真偽を確認せずに、すぐにリツイートとかして、失敗する。

いつ、どこで、誰によって発信されたものかを確認するようにしないと、フェイクニュースを流すのに加担することになってしまう。

笑い話だが、「虚構新聞*」に載っていたことをそのまま信じてニュースとして貼りつけ、コメントをしている人がいた。そのことが分かったら恥ずかしいだろう。

僕は以前、「虚構新聞」に載っていた「パンダの卵はカラフルだ」というフェイクニュースを印刷して、職員室で配ったことがある。ジョークで配ったのに、多くの先生方が信じてしまって、逆に困ってしまった。

人は「あるはずがない」と思うことでも、ネット上でまことしやかに書かれたものを見たら、「ほんとかな？」

と、半信半疑になる。

ネット上で流れている情報は、まずは疑ってみる方が賢明だと言えるだろう。

＊虚構新聞

個人が運営しているサイト。初めからジョークとしてことわった上で、「バウムクーヘンの天日干し」だとか、「肉眼で見える巨大新元素発見」だとか、面白い発想で記事を作っている。

Taga Itiro

第五章　自分には関係ないことか？

教師はマルチプレイヤーでなければならない。
どんなことでも、関係のないことなど、ないのだ。

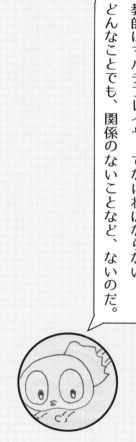

1　のっとりにも責任がある

セキュリティソフトなどはインストールしていない。

元々そういうセキュリティに対する意識がない。

そんな先生方がたくさんいらっしゃって、アカウントをのっとられてそれが拡散していく。

個人情報が垂れ流しになっていても、それはどういうことなのかですら、なんのことかも分からない。

僕だって分からないことがたくさんある。その道の詳しい人にアドバイスをもらって、なんとか人に迷惑かけないように努力している。

スマホにもセキュリティ対策ソフトを入れておくべきだ。完璧に守るなんてことはあり得ないが、最低限の対策ぐらいはしておかないと、それがマナー違反になる。多くの人に迷惑がかかることもあるだろう。

先日、フェイスブックですでに「友だち」になっている教え子から友達申請が来た。何も考えずにアカウントを変えたのだろうと思ってすんなり承認したら、なりすましの申請だった。

後から教え子が平身低頭に謝っていたが、承認した僕にも責任がある。

そのことがあってから、

「友達申請はコメントがないと承認できません。」

と書いているのに、友達申請だけを送ってくる方がいまだにいる。知らないからだろうなとは思うけれど、いつも削除している。相手の方は、

「せっかく申請しているのに、失礼なやつだな。」

と、思っているかも知れない。

知らないことは、失礼にも当たるのだと認識してほしいと思う。

2　丸付けさえもさらされる

こういうことが時々、ＳＮＳでアップされて、非難ごうごうとなる。（上図、参照）

つぎのえはなんでしょうか。なまえを
かたかな４文字でかきなさい。
パ
プ
リ
カ

「絵を見てかたかなで名前を書きなさい。」という問題なのだが、先生は「パプリカ」と書いた子どもになんと×をつけて、「ピーマン」と訂正している。

パプリカとピーマン、白黒のカットだと、どう違うのか分からない。

僕も「パプリカ」で×をつけた教師の感覚も意図も理解できない。この先生は、パプリカを知らないのだろうか。それとも、「ピーマン」しか教えていないから、「パプリカ」は間違いだと言うのだろうか。

ＳＮＳでこの採点を写真に撮られて、アップされている。そうやって、先生の愚かさかげんが拡散されてしまうのだ。

せめて「パプリカ」と答えたときに「これも正解にしてもいいのかな？」と立ち止まることが大切だ。先輩や管理職に確認したうえでの×ならば、どこに出されても問題はないだろう。

教えた通りでなければ、たとえ正しくても×をつけるという考え方は分からなくもない。しかし、今の世の中では、そういう理屈は通用しない。

こういうときに、投稿者の住んでいるところから、学校までも特定する特定班がいる。投稿者が特定できたら、その学校が分かり、一年生の担任までも調べてアップして拡散となる。特定班は、そういう力と執念が凄い。

教師の感覚だけで採点していて、正しい在り方を考えないと、知らない所でいつの間にか批判されていることになる。

漢字のとめ、はね、はらいを厳しく採点して、書き直させるということを未だにやっている方がいらっしゃる。次頁のように文化庁のホームページには、「とめ、はね、はらいの多くは許容範囲である」と書かれているのにである。

それも写真に撮られてアップされている。その教師の無知と愚かさをさらけ出してしまうのだ。

SNSを十分に意識しろと言っているのではなくて、きちんとした根拠を有して、責任もって丸付けしろと言いたいのだ。

「常用漢字表の字体・字形に関する指針（報告）」（文化審議会国語分科会）の概要

漢字の字体・字形に関して生じている問題について、常用漢字表（平成22年内閣告示第2号）の「（付）字体についての解説」の内容をより分かりやすく周知し、解決しようとするもの。

現在、社会で生じている問題

手書き文字（筆写ともいう。以下同様。）と印刷文字（情報機器等の画面上に表示される文字を含む。）との違いが理解されにくくなっている。

例）官公庁、金融機関等の窓口で名前などを記入する際に「令」と書くと、明朝体どおりの形（「令」）に書き直すよう指示される。

文字の細部に必要以上の注意が向けられ、本来であれば問題にならない違いによって、漢字の正誤が決められる傾向が生じている。

例）手書きの楷書では、本来、「木」の縦画はとめても、はねてもよいが、一方だけが正しいといった認識が広がっている。

常用漢字表「字体についての解説」で下記のように説明。しかし、図示が中心で、周知も不十分。

令－令令　木－木木

「常用漢字表の字体・字形に関する指針（報告）」（平成28年2月29日　国語分科会）

○ 手書き文字と印刷文字の表し方には、習慣の違いがあり、一方だけが正しいのではない。
○ 字の細部に違いがあっても、その漢字の骨組みが同じであれば、誤っているとはみなされない。

構成要素ごとに字形の例を分類し、例示を豊富に

ア　縦画の終筆をはねて書くことも、とめて書くこともあるもの

構成要素の例	左のような構成要素を持つ漢字の書き表し方の例
木	木 木　机 机
禾	委 委　積 積
牛	特 特　牧 牧
糸	糸 糸　絹 絹

○　上記を含め、同様に考えることができる漢字の例

Q&Aによる分かりやすく親しみやすい説明

Q38　はねるか、とめるか（「木」・「きへん」など）「木」という漢字の真ん中の縦画の最後を、はねるように書いたら誤りなのでしょうか。「きへん」の場合についても教えてください。

A 「木」や「きへん」は、はねて書かれていても誤りではありません。はねても、はねなくてもいい漢字は、ほかにも多数あります。

「字体についての解説」にも、両方の書き方があることが下記のように例示されています。これは、「きへん」の場合も同様に考えられます。

木－木木

漢字の習得の段階では、「木」や「きへん」の付いた漢字について、はねのない字形が規範として示されることが多く、はねたら誤りであると考えている人も少なくないようですが、手書きの楷書では、はねる形で書く方が自然であるという考え方もあります。また、戦後の教科書には、両方の形が現れています。これは「のぎへん」や「うしへん」も同様です。

常用漢字表2,136字全て、印刷文字と手書き文字のバリエーションを例示

2086	類	ルイ	4	類類類類	類 類 類 など
2087	令	レイ	4	令令令令	令 令 令 など
2088	礼	レイ	3	礼礼礼礼	礼 礼 など

番号以下、左から常用漢字表の掲出字体、代表音訓、配当学年（小学校）、字形差のある明朝体、ゴシック体、UD体、教科書体、手書き文字の例

「常用漢字表の字体・字形に関する指針（報告）」（文化審議会国語分科会）の概要
＊平成 28 年 2 月 29 日報告

3　無知は自慢できない

「自分は機械は苦手ですから。」

「SNSのことはよく分からないから、あまり触れないようにしている。」

そう公言するベテランがたくさんいる。こういうことを口にする先生方は、変わることに恐怖感を持っているので、いつまでたっても自分をなかなか変えられない。

そして、心の中で、

「ICTなんて関係ない。そんなことを知らなくたって、教育は十分にやっていけるものだ。」

などとうそぶいている。

これを「無知の自慢」という。

教師という仕事は、未来の担い手を育てる大切な仕事である。これからの子どもたちはどんな職業に従事しようとも、SNSと関わって仕事をしていく可能性が高い。

例えば、伝統的産業であっても、SNSを使って世界中に販路を広げることによって復活させている。古くからのものだから、手作りで勝負しているからＳＮＳは必要ないなどということはないのである。

新しいことに全て真っ先に飛びついて、さまざまなＳＮＳを全部使いこなすということまでは必要ないだろう。しかし、世の中の多くで使われているようなことぐらいは知っておくべきだろう。特に、子どもたちには間違いなく大きな影響をもたらしているＳＮＳを知らないと言うことは、教師としてどうかと思う。

ベテランでそういうことが苦手な先生方は、子どもたちと一緒に自分も学んでいくことを考えれば良い。

新指導要領からプログラミング教育が入ってきた。それは現在のパソコンやスマホを使いこなすことがめあてではない。ＩＣＴに対する姿勢や考え方を教育していくものだ。完璧に使いこなせなくとも、教師自身がチャレンジして理解していこうという姿勢さえ示せれば良いのだ。

おそれず、やってみることだ。

おわりに

東須磨小学校のさまざまな画像が連日ワイドショーで放映されている。ＳＮＳでも糾弾する意見がたくさん並び、それに対して
「人間は誰でもそういう心を持っている。自分はそうではないと考える者がおかしい。」
という意見が出てくる。

ＳＮＳでは、みんなが評論家になる。

また、インフルエンサー＊になろうとやっきになっている人たちもいる。彼らは過激な意見をアップしている。

いずれにしても僕には、地元の神戸を汚されているような気になるだけである。

テレビに流れる画像や動画は、ＳＮＳ上にデジタル・タトゥーとなって残っていくだろう。

そこに子どもたちはいない。もちろん子どもたちのことをアップすることはないだろうが、子どものことを真剣に考えた投稿などはほとんどない。犯罪者とも確定していない段階で、犯罪者だとバッシングする。

子どもたちの多くは、特に高学年だとＳＮＳ上の動画や画像を簡単に手に入れられる。どんな気持ちであれらを見ているのかと考えると、ぞっとする。

なんでも投稿してしまうことの、人を許さず糾弾することの、先生を誰もが信用できなくなるということの、子どもたちに与える影響などはほとんど考えてはくれない。

社会への責任をもって投稿したりコメントしたりする人たちは、ごくわずかなのだ。

ＳＮＳは影響力も大きいが、その大きさを自覚して投稿する方は、特に匿名で投稿される方は、ごくわずかなようだ。

流行り病のようなＳＮＳ騒ぎの中に僕も存在している。自分だけは特別だということは考えてはいない。

四〇年以上も前、僕が学生のときに神戸大学の教育工学センターができて、一つの建物の中にたくさんのコンピューターシステムが設置された。（今は、それらが一つのパソコンに入ってしまう。進歩のすごさを思う。）

機械音痴の僕なのに、なぜかその工学センターでＢＡＳＩＣの基本を学び、「じゃんけんゲーム」のプログラムなどを作っていた。

さらに、夏休みのバイトでコンピューターの中に入っているソフトを取り出して実行し、記録していくということを僕らはしていた。

ところが、先生がいなくなると、ブラックジャックやゴルフゲームをして遊んでいたことは、もう時効かな。

それをスマホで撮って投稿されたら、大事になっていたかも知れない。（笑）

今回、初めて敬体ではなく、常体で本を書いた。これまでの僕の本の語り口調とは変えたかったからだ。ふだんＳＮＳでは常体で投稿しているので、この本にはふさわしい書き方かも知れない。

この本は黎明書房の武馬さんと名古屋で呑んでいたときに、僕が調子に乗ってＳＮＳについて語っていたら

「多賀先生、それ、本にしてください。」

と頼まれて書くことになった。このパターンは多いのだけど……。

でも、本当に良い機会をいただけたものだ。僕の日ごろ感じていることを世に出せたと思っている。

武馬さんに感謝する。

二〇一九年　冬

晩秋の風を感じながら

多賀一郎

＊インフルエンサー

世の中に影響を与える人物のこと。自然とSNSをしているうちにインフルエンサーになってしまう人もいるが、それを目的としてあざとい投稿を繰り返す人もいる。

■ 参考文献

『こどもにスマホをもたせたら―親のためのリアルなデジタル子育てガイド』
デボラ・ハイトナー著　星野靖子訳　二〇一九年　NTT出版

『SNSをポジティヴに楽しむための30の習慣』
井上裕介著　二〇一九年　ワニブックス

『スマホの「わからない!」をぜんぶ解決する本　スマートフォンの疑問と不満をQ&Aですっきり解消!』　洋泉社MOOK　二〇一八年　洋泉社

著者紹介

多賀一郎

神戸大学附属住吉小学校を経て，私立小学校に長年勤務。現在，追手門学院小学校。専門は国語教育。元日本私立小学校連合会国語部全国委員長。年間100回以上，公私立校で指導助言をしている他，親塾等で保護者教育に力を注いでいる。また，教師塾やセミナー等で，教師が育つ手助けをしている。絵本を通して心を育てることをライフワークとして，各地で読み聞かせの活動もしている。

著書：

『クラスを育てる作文教育』『小学１～６年の学級づくり＆授業づくり 12か月の仕事術（ロケットスタートシリーズ）』（編著）『ヒドゥンカリキュラム入門』『大学では教えてくれない保護者対応』以上明治図書，『小学生保護者の心得　学校と一緒に安心して子どもを育てる本』小学館，『女性教師の実践からこれからの教育を考える』（共著）『問い続ける教師』（苫野一徳との共著）以上学事出版，『一冊の本が学級を変える』『孫子に学ぶ教育の極意』『多賀一郎の荒れない教室の作り方』『きれいごと抜きのインクルーシブ教育』（南惠介との共著）『改訂版　全員を聞く子どもにする教室の作り方』『一人ひとりが聞く子どもに育つ教室の作り方』以上黎明書房など，多数。

＊イラスト：伊東美貴

危機《きき》に立《た》つ SNS 時代《じだい》の教師《きょうし》たち

2020年2月10日　初版発行

著　者　多《た》　賀《が》　一《いち》　郎《ろう》
発行者　武　馬　久仁裕
印　刷　株式会社 太 洋 社
製　本　株式会社 太 洋 社

発　行　所　株式会社 黎《れい》　明《めい》　書《しょ》　房《ぼう》

〒460-0002　名古屋市中区丸の内3-6-27　EBSビル　☎052-962-3045
FAX 052-951-9065　振替・00880-1-59001
〒101-0047　東京連絡所・千代田区内神田1-4-9　松苗ビル4階
☎03-3268-3470

落丁本・乱丁本はお取替えします。　ISBN978-4-654-02328-8